D1806208

いちばんわかりやすい
ソーイングの基礎BOOK

ポコ・ア・ポコ
poco a poco

成美堂出版

はじめてさんが 練習で作るアイテム

試し縫いついでに、サッとできるアイテムです。おやつマットは、はじめてさんのために、直線縫いやカーブ縫いを学びながら作ります。シュシュのページでは「伸縮縫い」を解説しますので、中級レベルの方もぜひご一読ください。

ボレロの余り布で作る
ピンクッション … P.8
⭐

トートの余り布で作る
はさみカバー … P.22
⭐

エプロンの余り布で作る
長方形のおやつマット … P.24
⭐

ワンピースの余り布で作る
だ円のおやつマット … P.27
⭐

カットソーの余り布で作る
ニット地のシュシュ … P.28
⭐

型紙なし！ 直裁ちで作るアイテム

型紙を使わず、布に直接チャコペンで製図を引きます。製図といっても直線だけ。どの作品も四角い布をカットしただけなので、自分でアレンジするのもかんたんです。工作気分で気軽に作れます。

G ウールのVネック
ポンチョ … P.89
⭐⭐

H ラミネート素材の大きめ
トート … P.94
⭐⭐⭐⭐

I-1 裏地で作る
ペチコート … P.100
⭐⭐⭐

J ダブルクロスの
ボレロ … P.107
⭐⭐⭐

作品の難易度レベル

かんたん（超初級レベル）
⭐

ややむずかしい（中級レベル）
⭐⭐⭐⭐⭐

実物大型紙を使って作るアイテム

「初心者だって、かわいい服を作りたい！」
そんなみなさんの声に、作者自身が着たいと思うアイテムをデザインしました。初級から中級レベルまで用意したので、ステップアップしたら、少しずつチャレンジしてみてください。

A-1　ワッシャークロスの
タックブラウス … P.34
★★

A-2　ドローストリングの
チュニックワンピース … P.40
★★★

B-1　ダンガリーの
クロップパンツ … P.44
★★★

B-2　タータンチェックの
ニッカーボッカーズ … P.50
★★★

I-2　裏地で作る
ペチパンツ … P.100
★★

C-1　ジャカード織りの
Aラインスカート … P.54
★★★★

C-2　まちつきパッチポケットの
エプロン … P.61
★★★

CONTENTS
目次は次ページへ！

D　胸元ギャザーの
Vネックブラウス … P.66
★★★★

E　マンダリンカラーの
ピンタックシャツ … P.74
★★★★

F　ラグランスリーブの
カットソー … P.82
★★★★★

CONTENTS

取材協力店

※2014年5月現在のお問い合わせ先です。
※掲載している商品は在庫がない場合がありますので、
　ご了承ください。

●布地
　・P.34／P.66
　　長戸商店
　　（Tel.03-3806-3637）　東京都荒川区東日暮里5-32-9
　・P.40／P.44／P.50／P.61（マットストライプ）／P.89
　　安田商店3丁目店
　　（Tel.03-3803-1656）　http://www.cotton-yasuda.com
　・P.54／P.94
　　株式会社コッカ
　　（Tel.06-6201-2572）　http://kokka-fabric.com
　・P.74
　　株式会社エレガンス
　　（Tel.03-3891-8998）　http://www.eleg.co.jp
　・P.82（ドットの綿フライス）
　　CHECK&STRIPE
　　http://checkandstripe.com
　・P.100
　　旭化成せんい株式会社 ベンベルグ事業部
　　（Tel.06-7636-3299）
　　http://www.asahi-kasei.co.jp/fibers/lining/home/index.html
　・P.107
　　パキラ ニット館
　　（Tel.03-3891-8968）　http://www.eleg.co.jp/knit/

●ミシン（P.6）
　ブラザー販売株式会社 お客様相談室ミシン119番
　（Tel.050-3786-1134）　http://www.brother.co.jp
　日本ミシンサービス株式会社
　（Tel.0120-285-828）　http://www.mishin-shop.com
●ミシン糸・手縫い糸・ボタンつけ糸（P.11）
　株式会社フジックス http://www.fjx.co.jp
　（Tel.075-463-8111）
●接着芯（P.14）
　株式会社日東紡インターライニング　東京スタジオ
　（Tel.03-4582-5311）
●縫い針（P.9）・接着テープ（P.14）・アイロンクリーナー（P.30）・
　シリコン材（P.95）
　株式会社KAWAGUCHI
　（Tel.0120-23-7417）　http://www.kwgc.co.jp
●コンシール®ファスナー・コンシール®ファスナー押さえ（P.14）
　YKK ファスニングプロダクツ販売株式会社
　（Tel.0120-13-4128）　http://www.ykkfastening.com/japan/
●バイアステープ（P.67）
　キャプテン株式会社
　（Tel.06-6622-0241）　http://www.captain88.co.jp/
●裁ちばさみ（P.7）
　ツヴィリング J.A.ヘンケルス　お客様係
　（Tel.0120-75-7155）　http://www.zwilling.jp
●糸切りばさみ・ピンチ・リッパー・ペンチ・
　メジャー・ミシン油（P.7～10）
　ダイソー
　（Tel.082-420-0100）　http://www.daiso-sangyo.co.jp/

poco a pocoの
Webサイトもあります
http://www.pocoapoco2014.com

LESSON* 1
ソーイングの道具と材料

洋服作りに必要な道具や材料は、実際にお店に行き、手に取って確認しながら購入するのがいちばんですが、近頃はインターネットの通販もとても充実しています。インターネットでリサーチしつつ、近所の手芸店もチェックして購入するのが、上手なお買い物のコツです。

初心者のミシン選び

高価なミシンを購入すれば、薄地や厚地はもちろん、オーガンジーや皮革などの特殊素材もラクに縫えますが、まったくの初心者にとっては敷居が高いお買い物。
ソーイングを趣味として長く続けられるか自信がない方は、P.23の縫い目ができる家庭用コンピューターミシンを購入するとよいでしょう。
コンピューターミシンは、縫い目の設定を液晶画面で確認でき、ボビンケース不要の水平釜なので、おすすめです。

「ちょっとミシンで縫ってみたい」人向けのミシンですが、この本のウェアを作る程度なら、十分対応できます。コンピューターミシンは、針が折れる前に自動で止まるなど、安全性を考慮しているので、初心者も安心して使えます。

この本に掲載されている作品を製作したPS205。インターネット通販で人気のPS202と同型で、お財布にやさしいお手頃価格。コンパクト＆軽量なので、シニアにもおすすめ。

ミシンを購入するときのコツ

①まずはインターネットで下調べ

ショッピングサイトで値段や売れ筋、購入者のレビューなどをチェックし、さらにミシンメーカーのサイトで機能をよく確認して、購入したいミシンの見当をつける。

②お店でミシンを確認

ネットでチェックしたミシンの他にも何台か試させてもらい、縫い心地や音、実際に見たときの大きさや重さなども確認する。
何より重要なのは、いろいろなメーカーに詳しい店員さんがいるお店に行くこと。ネットで調べてわからなかったことを質問したりして、購入後も親切に対応してもらえるお店か、よく吟味しておこう。

③ミシンの付属品を確認

フットコントローラーを一緒に購入するのがおすすめ。低価格のミシンは別売りの場合が多いので注意。付属テーブルもあると、フレアスカートのような布をたっぷり使うアイテムも縫いやすい。ボビンも多めに10個くらい購入しておくとよい。

④アフターケアが万全のお店で購入しよう

値段だけでなく、購入後のトラブルに備えておくことが大切。ネット通販でも、いざというとき来店できる実店舗を持つお店が安心。メーカー保証の他に、お店独自の保障サービスをプラスしているミシン屋さんもあるので、ぜひチェックしてみて。

ミシンメーカーのサポートも

近くにお店がない場合は、電話やメールで相談できるメーカーのカスタマーサービスを利用しましょう。購入後のトラブルはもちろん、購入前でも相談できます。
メーカーのショールームに行ってみるのも、楽しいですよ。

必要な道具

この本の作品を製作するために使った道具を紹介します。
まずは手持ちの道具を確認し、足りない道具を購入するようにしましょう。

`型紙` 型紙を写す、または製図をするときに使用　　`裁断` 布を裁つときに使用　　`縫製` 縫うときに使用

`型紙`

メジャー

主に採寸のときに使用。写真上のガラス繊維のメジャーは伸縮しにくいので、正確な長さを測れるのでおすすめ。2mくらい測れるタイプが安心。P.9の巻き尺式のメジャーは収納に便利なので、布を買いに行くときのお供に。

`型紙` `裁断`

定規

大型手芸店で扱っている、透明タイプの50〜60cm程度の方眼定規がおすすめ。型紙を写したり、裁断するときに平行や直角が簡単に測れる。20〜30cm程度の短い定規もあると重宝する。

`型紙`

型紙用の紙

手芸店では「製図用紙」「ハトロン紙」などの名称で、写真のようにたたまれた状態か、巻いた状態で売られている。白く、型紙の線が透けて見えるほど薄い。==ざらざらした面に型紙を写す。==

`型紙`

文房具

家にある文房具でOK。鉛筆よりも細い線が引けるシャープペンシルがおすすめ。マーカーは型紙のサイズに印をつけるときに使う。紙切りばさみは型紙を切り取るために用意する。

`型紙` `裁断`

ウエイト

紙や布が動かないように、重しをするときに使う。2〜3個あると便利。左は洋裁専用のウエイト。底が平らな空きビンや空き缶に、ビー玉やコインなどを詰めて代用してもOK。

`裁断` `縫製`

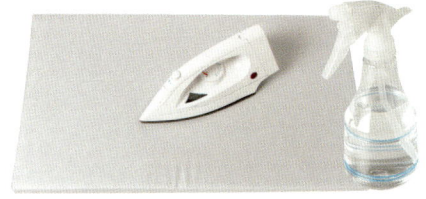

アイロン&アイロン台

どちらも家庭で使用しているもので十分。スチーム機能があるアイロンがベスト。霧吹きも用意しておくと、強い折りじわもきれいにとれる。アイロンのかけ方はP.30参照。

`裁断`

消えるチャコペン

水で消えるタイプと時間がたつと消えるタイプがある。合い印やポケットつけ位置などの印つけに使用。写真下のチャコペンは間違えたときにすぐ消せる消しペンつき。写真上は黒い布用（白い印がつけられるタイプ）。

`裁断` `縫製`

裁ちばさみ

一般的に女性は20cm程度の大きさが使いやすいとされているが、写真のはさみ（19cm）のように、少々小ぶりで軽量なタイプも初心者やシニアにおすすめ。右利き用と左利き用を用意しているメーカーもある。

`縫製`

糸切りばさみ

「小ばさみ」「にぎりばさみ」とも呼ばれ、その名のとおり、糸を切るとき、にぎって手になじむものを選ぶとよい。==刃を長持ちさせるために、裁ちばさみと糸切りばさみ、紙切りばさみはそれぞれ別に用意する。==

裁断 縫製

ピンクション

綿や羊毛が入ったタイプや針が集められるマグネットタイプがある。持っていない場合は、裁ち切りOKなニット地や、ほどけにくいウール地の余り布で手作りするのがおすすめ。

ピンクッションの作り方

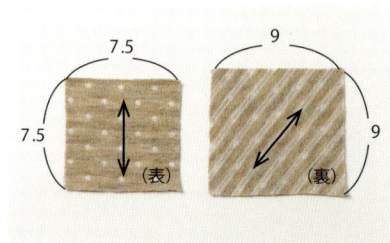

7.5 / 7.5 / 9 / 9 (表)(裏)

1 今回は**J**（P.107）のボレロの余り布を使用。ダブルフェイスの柄を活かし、たて地とバイアス裁ち（P.12参照）を組み合わせた。
※織り地を使用する場合は、2枚ともバイアス裁ちにすると、ほどけにくい。

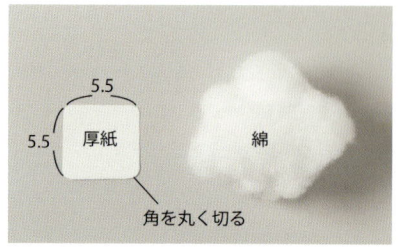

5.5 / 5.5 厚紙 綿 / 角を丸く切る

2 ピンクッションの中に入れる綿（適量）と厚紙を用意する。厚紙は角を丸く切っておく（おおまかでOK。角を丸くするのは、使っているうちに尖った角から穴が開くのを防ぐため）。

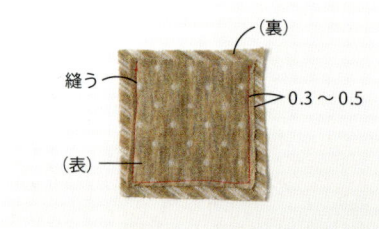

（裏）縫う 0.3〜0.5 （表）

3 布の中心が合うように外表に合わせ、ミシンで3辺を縫う。

厚紙

4 厚紙を入れる。厚紙を入れる側がピンクッションの底になる。

5 綿を詰め込む。ミシンで残りの1辺を縫うときに押さえ金がよけられる程度に詰める。

縫う 0.3〜0.5

6 残りの1辺を縫って完成。
※リストバンドつきにする場合は**7**へ進む。

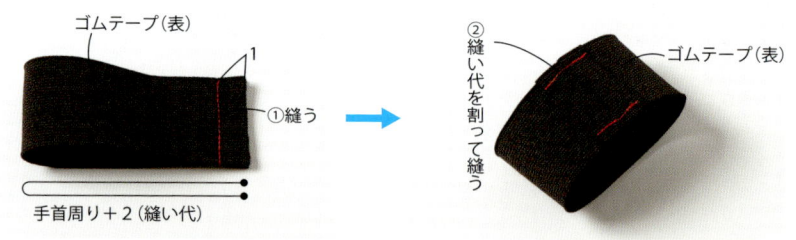

ゴムテープ（表） 1 ①縫う 手首周り＋2（縫い代） ②縫い代を割って縫う ゴムテープ（表）

7 ゴムテープの長さは手首に巻いて決める。太いゴムテープ（P.44 B-1の余り）を使う場合は、手首周りと同じ長さが手首にはめたときに安定する。細いゴムテープの場合は、多少締め付けを感じる長さがおすすめ。ゴムテープを二つ折りにして縫い合わせ、ミシンで縫い代を押さえる。

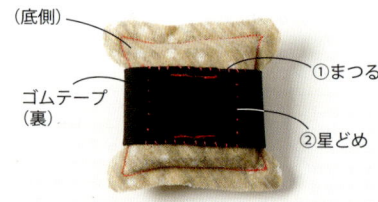

（底側）①まつる ゴムテープ（裏）②星どめ

8 ゴムテープを縫い、裏に返してピンクッションにはめ込み、手で縫いつける（まつり縫いはP.33、星どめはP.60を参照）。

ゴムテープ（表）

9 ゴムテープを表に返して完成。

※写真では、わかりやすく説明するために、作品と違う糸を使用しています。

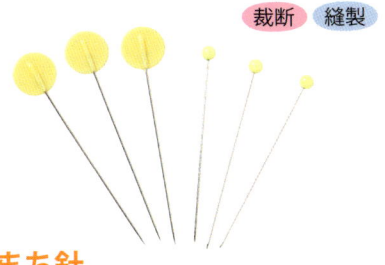

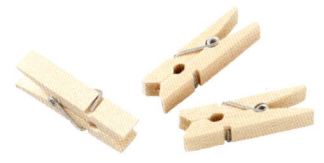

裁断 縫製

まち針

針が細いタイプは目の詰まった布に刺しやすい。アイロンの熱で溶けにくい、頭がガラス製のものがよいとされるが、小さいお子さんがいる家庭なら、針が落ちても見つけやすい、頭の大きいタイプがおすすめ。

裁断 縫製

ピンチ

まち針の代わりに使用。ニット地などずれやすい布地をしっかりとめることができる。ミシンをかけるときに負担にならないように、なるべく軽くて小さいものを選ぶ。

縫製

布の厚さと
針の号数（目安）

薄地……＃8〜＃9
普通地…＃7〜＃8
厚地……＃6〜＃7

縫い針

針の長さは好みもあるが、ぐし縫い（一度に何度も刺す。P.48参照）には長針、まつり縫い（一針一針縫う。P.33参照）には短針が適しているといわれている。初心者はセット売りのものがおすすめ。

縫製

リッパー

縫い間違えたところをほどいたり、ボタンホールを開けるときに使う（P.29参照）。二股の間が刃になっていて、長い刃を切りほどきたい縫い目に差し込んで、股の刃で糸を切る（P.69 2 -5参照）。

縫製

目打ち

衿などを縫って表に返すときに、きれいに角を出すために使う（P.26 5 -3参照）。指先より細かなところに届くので、ミシンをかけるときに布を送るのにも活躍（P.79 6 -7参照）。

裁縫箱

初心者は、お菓子の空き箱や空き缶で十分。作品をいくつか作って、自分なりに使いやすいお裁縫箱のイメージができてから、専用のお裁縫箱を購入するとよい。

縫製

ゴムテープ・ひも通し

ゴムテープ・ひも通しは、いくつか種類があり、セットで売られているものもある。安全ピンやヘアピンを代用してもよい。A-2（P.40）のワンピース、B-1（P. 44）・B-2（P.50）のパンツ、I-1&-2（P.100）のペチコート・ペチパンツに使用。

縫製

ペンチ

C-1（P.55）のスカートのコンシールファスナーつけに使用。家にあるものでOK。これから購入するなら、100円ショップでもあつかっている小ぶりのタイプがおすすめ。

道具にメリハリを

「これからソーイングを長く続けられるかしら…」と不安な初心者が、最初から高価な道具を買いそろえるのは大変です。近頃の100円ショップは、手芸用品も豊富に取りそろえているので、上手に利用しましょう。道具は使い勝手がもっとも重要なのですが、見た目のかわいらしさも創作意欲をアップさせてくれます。みなさんもお気に入りの道具を見つけてください。

ピンチ、糸切りばさみ、リッパー、ミシン油も100円ショップで買ったよ！

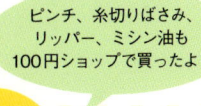

巻き尺式のメジャー

 型紙 型紙を写す、または製図をするときに使用　　裁断 布を裁つときに使用　　縫製 縫うときに使用

あると便利な道具

ちょっとしたときに役立つおたすけグッズを紹介します。
興味がわいたら、使ってみてください。

糸通し

糸通しが苦手な方に。すばやくスムーズにできるので、シニアはもちろん、手芸をはじめたいお子さんにもおすすめ。

ルーペ

写真のルーペは、ミシンに磁石または両面接着テープで取りつけられるタイプ。シニアの方だけでなく、疲れ目の方にも。

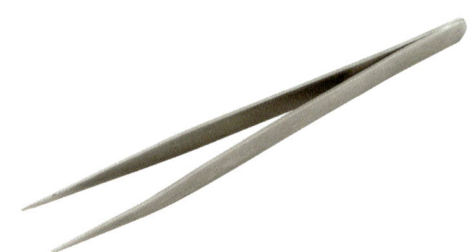

ピンセット

家にあるものでOK。ミシンの糸通しなど細かい作業をするときにあると便利。

ミシン油

ミシンのお手入れに。ミシンの取扱説明書にしたがって、定期的に釜の掃除をして油を差すと、いつでもミシンが快適に使える。裁ちばさみのお手入れにも使える。

針は曲がったり、接着芯ののりが付くと、作業効率が悪くなり、誤って指に刺したりすることがあります。「針は消耗品」と割り切って捨てましょう。

折れ針入れ

曲がったり、折れたりした針を入れる空きビンや空き缶などを用意する。針がたまったら、住んでいる市町村のゴミの捨て方を確認して始末する。

指ぬき

洋裁用の指ぬき。指輪のようにサイズがあるので、お店ではめてみてから購入するとよい。初心者は使い慣れるまでむずかしい（使い方はP.33参照）。

しつけ糸

まち針だけでは布がずれそうなときは、しつけをかけておくと安心。しつけ糸は縫い糸よりも切れやすいので、ほどくのが簡単（しつけの仕方はP.33参照）。赤や水色などもあるので、好きな色をチョイスして。

しつけ糸の準備

しつけ糸は1本の糸を輪にした状態で売られています。
束をほどいて、あらかじめ使いやすい長さにカットしておくと便利です。

1 束をほどいて輪の状態にする。

2 手持ちのリボンやひもで3カ所程度結び、輪をカットする

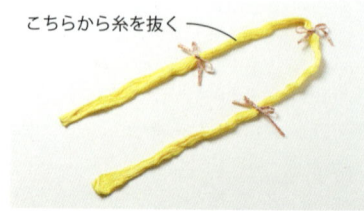

こちらから糸を抜く

3 完成。しつけ糸を使うときは、輪の方から1本ずつ引き抜く。

糸とミシン針について

ソーイングには欠かせない、糸とミシン針について解説します。
糸と針は種類があるので、ラベルをよく見て購入しましょう。

ミシン糸

さまざまな素材、厚さに対応できる60番（#60）
のポリエステルスパン糸がもっとも多く使われて
います。白と黒を常備しておくと重宝します。

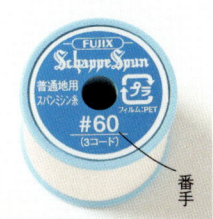 

番手と色番がラベルの表裏に記載されている。また、下表の写
真のように、番手によってラベルとボビン（糸が巻かれている
軸）を色分けしている。

手縫い糸

ミシン糸同様、手縫い用のスパン糸はさまざまな用途に
使えるので便利です。ボタンつけ糸は、ボタンつけ以外
にスプリングホックをつけるときにも使えます。

左は普通地用のボタンつけ糸。糸が太くてしっかりしているので、1
本どりでボタンつけができる。右は手縫い用のスパン糸。手縫い専用
の糸は、ミシン糸と糸のより方が違うため、からまりにくく縫いやすい。

ミシン針とミシン糸

お手頃価格の家庭用コンピューターミシンは、#60
の糸で縫うことを想定されているケースが多いの
で、この本の作品はすべて#60のミシン糸を使用
しています（針は布の厚さによって替えています）。
垂直釜のミシンを使用している場合は、右表のよ
うに布の厚さに合わせて、糸を替えましょう。
ミシン針は、職業用ミシンの針もあるので、購入
するときは気をつけてください。

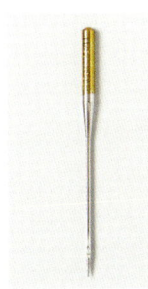

写真は#11の針。このメーカーの場
合は、針の頭にパッケージと同じ色
がつけられている。
ちなみに、針と糸はメーカーが違う
ため、パッケージの色分けが異なる
ので注意（薄地用と普通地用のパッケー
ジの色が逆になっている）。

> この本では、ニット地を縫うとき
> はミシンの「伸縮縫い」の機能を活
> 用し、糸は#60を使用しています
> （P.23、P.28参照）。「直線縫い」でニッ
> ト地を縫うときは、ニット地用の糸
> を使用してください。

布の種類	家庭用ミシン針	ミシン糸
薄地 ローン、オーガンジー、シフォンなど ※ハンカチより薄手のものが目安。	#9	#90
普通地〜中厚地 シーチング、デニム、ツイル、ヒッコリーなど ※手芸店のコットンコーナーに置かれているものは、ほぼOK。	#11	#60
厚地 厚手のデニム、帆布、厚手のラミネート素材など ※極端に厚手の布は家庭用ミシンでは縫えない場合があるので注意。	#14	#30
ニット地 フライス、スムース、天竺、ジャージーなど ※右の針と糸は、普通地の厚さのニット地専用。	#11	#50（ニット地用）

布について

ここでは、初心者のための布地の基礎知識を解説します。
作品に適した布の選び方は、各作品ページの使用した布の解説を参考にしてください。

織り地とは

主な布は、繊維を糸にして織ったり編んだりして作られています。織り地とは、たて糸とよこ糸を織って製造された布のことで、ソーイングでもっとも使われています。

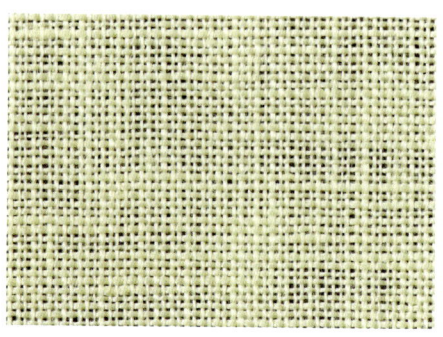

たて糸とよこ糸の織り目のことを「布目」という。織り目が粗いと布が伸びやすい。

糸を編んで作られた布は、編み地（ニット地）といいます。ニット地については、P.28、P.83を参照してください。ちなみに、不織布やフェルトは、繊維を糸にせず、圧縮して作られています。

布の各部名称

裁断のときによく使われる用語です。ぜひ覚えておいてください。

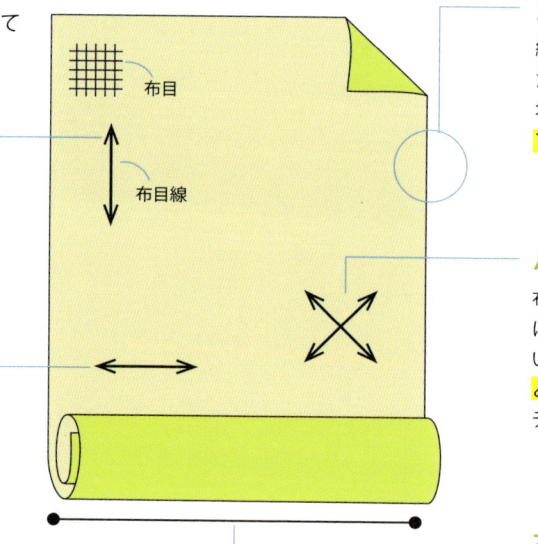

布目

たて地

布のたて糸の方向のこと。型紙に記されている矢印を「布目線」といい、布目線は型紙を配置するときの織り地の方向を示す。

布目線

よこ地

布の織物のよこ糸の方向のこと。布の多くは、よこ地はたて地より若干伸びやすいので、形くずれしにくい服を作るためにたて地に裁断する。

耳

織り糸が織り返っている、布の両端のかたい部分のこと。耳に平行な方向がたて地。つれていなければ、ほつれにくいので縫い代の端として利用できる。

バイアス

布に対して斜めの方向のこと。たて地に対して45度の角度を正バイアスという。正バイアスはほつれにくく、もっとも布が伸びる方向なので、バイアステープ作り（P.72参照）に利用される。

布幅

布の耳から耳までの幅のこと。

布の表裏の見分け方

印刷がはっきりしているプリント布や、つややかな光沢がある布地は表裏がわかりやすいですが、わかりにくい場合は耳で確認します。下記の方法でもわからない場合は、購入するときに店員さんに聞きましょう。

一般的に「耳に穴が開いている場合は、穴が突き出ているほうが表面」といわれますが、逆の場合もあるので、店員さんに確認するのが確実。

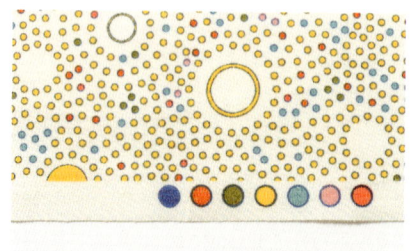

穴

耳に文字が書いてある面、または色の調子がある面が布の表。

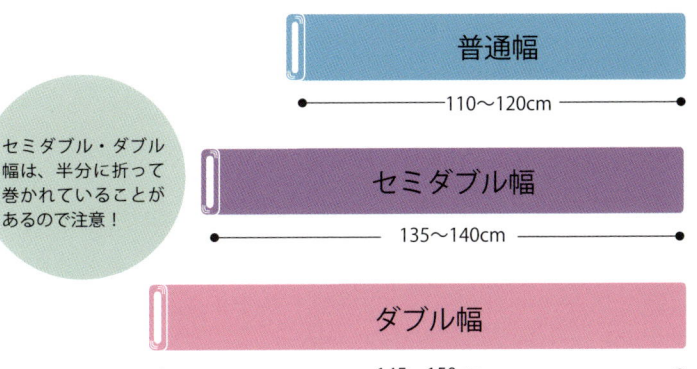

シングル幅
90〜92cm

普通幅
110〜120cm

セミダブル幅
135〜140cm

ダブル幅
145〜150cm

セミダブル・ダブル幅は、半分に折って巻かれていることがあるので注意！

布幅について

一般的に普通幅（110〜120cm幅）が多く売られていますが、布幅によって用尺が変わるので、必ず布幅を確認してから購入しましょう。

用尺とは、必要な布の分量（長さ）のこと。この本に掲載している作品の用尺は、各作り方ページの材料欄や裁ち合わせ図に記してあります。

布の用尺の見積もり方

左の計算の仕方は、おおよその目安です。デザインや体型によって異なる場合があるので注意してください。
柄合わせが必要な布を使う場合は、用尺を多めに見積もりましょう。

布幅	ブラウス・ワンピース	スカート・パンツ
110cm幅	（着丈＋袖丈）×2＋衿幅＋30cm	スカート（パンツ）丈×2＋30cm
140cm幅	着丈＋袖丈＋衿幅＋30cm	スカート（パンツ）丈＋30cm

※着丈・袖丈などの用語はP.17を参照。

布の色に合った糸の選び方

基本的には、縫い目が目立たないように、糸は布と同じ色を選びます。糸は巻いてある状態よりも実際に縫ったときの方が薄く見えるので、見本帳に布を当てて色を確認してから購入しましょう。ぴったり合う色がない場合は、淡い色の布にはそれよりも淡い色を、濃い色の布はそれより濃いめの色を選ぶとよいでしょう。

見本帳に布をはさんで、布の色に合う糸を探す。多色プリントの場合は、布の地の色、もしくは一番印象的な色を選ぶとよい。

お店の糸のコーナーに置いてある糸の見本帳。使用する布を持参して、お店に行こう。

材料の買い出しのコツ

布を買うときは、色を合わせるために糸やボタン、ファスナーなどの材料も一緒に買うとスムーズです。その場で購入したい布を決められないときは、布の切れ端をサンプルとしてもらったり、スマートフォンや携帯で撮影しておくとよいでしょう（サンプルの配布や撮影は、お店によって対応が違うので、必ず店員さんに確認してください）。

買い出しに持って行くもの

◆買い出しメモ
・布幅別の用尺（110cm幅と140cm幅を見積もっておくと安心）
・その他の材料

◆筆記用具とメジャー

◆スマートフォンまたは携帯電話
（カメラ機能と計算機能が活用できる）

その他の材料について

この本の作品で使用した材料について説明します。
購入するときのコツを解説していますので、ぜひご一読ください。

接着芯

この本の作品で使用したダンレーヌ® 6255。薄手でソフトな風合いが特長のストレッチ芯。衿やカフス、見返し、ポケットの力布など、さまざまに活用できる。

衿やカフスなど、張りを出したい部分に接着芯を貼る。裏面にのりがついているので、アイロンの熱で布に付着させる（P.22参照）。接着芯の種類は、織り地、編み地、不織布とあり、織り地か編み地のものがウエアに適している。厚さも種類があるが、ジャケットやコート以外は薄手のもので十分。色は主に黒と白がある。

「ダンレーヌ」は、日東紡の登録商標です。

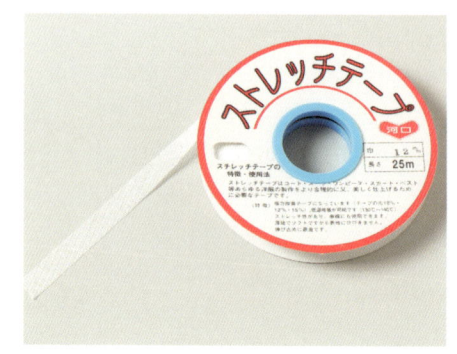

接着テープ

この本の作品で使用した1.2cm幅のストレッチテープ。ファスナーつけ位置やニット地のポケット口に使用。薄手で程よく伸縮性があるので、布になじみやすい。

接着テープは、接着芯を細くテープ状にカットしたもの。テープの布目に沿ったストレートタイプやバイアスにカットされたタイプ、ストレッチタイプなどがあり、幅も種類がある。はじめて購入するなら、ストレッチタイプで1cm前後の幅のものが使い勝手がよい。色は白と黒がある。

ファスナーは上の写真以外にも種類があり、用途によって使い分けが必要で、つけ方も異なる。ぱっと見では、どれも同じように見えるが、エレメントとスライダーで見分けるとよい。この本ではウエアでよく使われる、コンシール® ファスナーのつけ方を解説（P.57参照）。コンシール® ファスナーは閉じるとエレメントが隠れ、表からは切り替えの縫い目のように見える。

コンシール® ファスナー

左から土台がニットテープ製のコンシール® ファスナー（P.54のC-1で使用）、織テープ製のコンシール® ファスナー、パンツなどに使われるフラットニット® ファスナー、ファスナーの下がはずれるオープンファスナー。コンシール® ファスナーは専用の押さえ金を使用する。市販の押さえ金は、ニットテープ製用と織テープ製用がある。工業用ミシンの押さえ金もあるので注意。

左は市販のコンシール® ファスナー用の押さえ金で、ファスナーと同じメーカーが販売しているもの。右はミシンに付属されている押さえ金。市販の押さえ金はお手頃価格なので、試しに購入してみても。

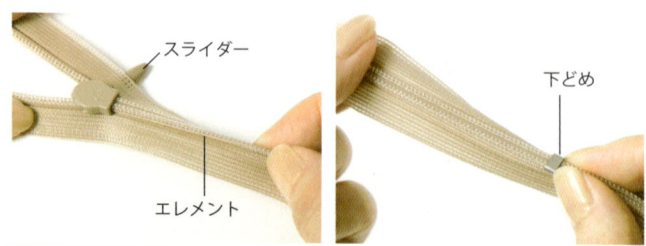

コンシール® ファスナーはエレメント（務歯）を指で立ち上げることができる（写真左）。下どめが自由に動かせるので、長さの調節が自分で簡単にできる（写真右）。

「コンシール」「フラットニット」は、YKK株式会社の登録商標です。

グログランリボン

黒のリボンは、P.40のA-2で使用。メーカーによって色のバリエーションはもちろん、幅のピッチや厚さも違う。素材やメーカーによるが、お手頃価格なものが多い。

しっかりとした厚みと光沢があるリボンで、==横にうねがある==のが最大の特長。大型手芸店では色や幅など豊富に取りそろえており、手芸やソーイングでよく使われている。ちなみに「グログラン(gros‐grain)」はフランス語で、「粗大な穀粒」という意味。

ゴムテープ

上はP.44のB-1のウエスト、それ以外はP.50のB-2のウエストとポケット・カフスに使用したゴムテープ。大型手芸店では、布と同じように必要な長さだけ購入できる。

色は白か黒が主流で、幅や厚さ、ゴムの伸縮具合などは、メーカーによって異なる。ウエストのゴムテープの長さは好みがあるので、実際に体に巻いて決めるのがベストだが、目安としては以下のとおり。==ウエスト寸法×0.9(ゴムの伸縮率。好みで変える)＋1cm(縫い代) 例)ウエスト66cmの場合　66cm×0.9＋1cm＝60.4cm==

持ち手

下は麻のタイプで、P.94のHに使用したもの。厚みはないが、幅広で密に織られているので、とても丈夫。上は綿タイプで手になじみやすい。

色はもちろん幅や厚さがさまざまあり、かわいいプリントがされた持ち手もある。持ち手もデザインの大切な要素なので、よく吟味してから購入しよう。==お手頃価格の家庭用ミシンで縫う場合は、なるべく薄い持ち手を選ぶのがコツ==(P.94のHは、持ち手と布が何枚も重なって厚くならないように工夫してあるので大丈夫)。

ボタン

下がP.74のEで使用したボタン。2つ穴で平たいタイプなので、シャツとの相性はバツグン。初心者にもあつかいやすい。

ボタンは素材や色、大きさ、形など、さまざまな種類あるので、一度は大型手芸店に足を運んでみるのがおすすめ。==ハートや動物の形のボタンなどもあるが、ボタンホールを作るとき、ミシンの押さえ金につかない場合もあるので注意==(P.29参照)。自分でくるみボタンを作る場合は、手芸店や100円ショップでキットが売られている。

レース＆ブレード

右はP.100のI-1につけたレース。==レースはほどけないので、モチーフごとにカットして、始末なしで使える。==左はP.89のGに使用したレースと毛糸のブレード。

スプリングホック

P.54のC-1に使用した9.5mmのホック。大きさも種類があるので、つけやすい大きさを選ぼう。

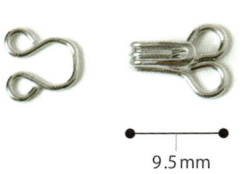

9.5mm

==針金状の小さなカギホックのことで==、スカートやパンツ、ワンピースのコンシール® ファスナーあきの上部につける。色はシルバーやゴールド、黒などがあり、ステンレスや真ちゅう、ニッケルで作られている。12個入りなど、セットで売られている。

==ブレードとはテープ状の飾りひものことで==、ふち飾りなどに使用する。レースやブレードも多種多様な種類があるので、使用する布地をお店に持参して購入するのがベスト。レースは製造方法(機械編み、手編み、生地を科学消去して製造する方法など)や、産地(ボヘミア、ミラノなど)で分類されることが多い。

LESSON* 2
ソーイングの準備

型紙作りや裁断など、縫う前の準備こそが、実はいちばん重要で手間がかかります。
きちんと準備をすれば、その後のミシン縫いがスムーズになり、作品もきれいに仕上がるので、がんばりどころです。
LESSON 2では、縫う準備のほかに、小物を作りながらミシン縫いの基礎を楽しく学べます。

> この本のモデルさんは、バスト80cm・ウエスト56cm・ヒップ86cm・身長169cmで、Mサイズを着用しています。

サイズ選び

この本では、右記のヌード寸法をもとに付録の実物大型紙を製作しています。
まずは、右記の表と自分のサイズを比較して、近いサイズを選びましょう。次に、作りたいアイテムの作り方ページに掲載している「でき上がり寸法」を確認し、サイズを決めてください。

この本の基本サイズ（ヌード寸法）				単位：cm
	S	M	L	LL
バスト………	78	82	86	91
ウエスト……	60	64	68	73
ヒップ………	86	90	94	98
身長…………	160（各サイズ共通）			

採寸

**体に合う作品を作るには、まずは自分の体のサイズを知ることが大切です。
ひとりでは正確に測りづらいので、誰かに手伝ってもらいましょう。**

> できるだけ薄着になり、全身が映る鏡の前に自然な姿勢で立ちます。体に対して水平にメジャーを巻き、バスト・ウエスト・ヒップを測ります。

> トップスを作るときは、背丈と袖丈も測っておくと、でき上がり寸法と比較できます。

作りたいアイテムと似たような形のアイテムを持っていたら、でき上がり寸法と大きさを比較してみましょう。
型紙の上に手持ちのアイテムを置いてみるだけでも、でき上がりの形が具体的に想像できます。でき上がりの大きさは、この本の型紙は縫い代込みなので、大体ひとまわり小さくなるとイメージするとよいでしょう。

バスト
正面から見て
バストポイント（乳頭）
を通るところ

ウエスト
正面から見て
一番くびれたところ
（目安はひじのあたり）

ヒップ
側面から見ておしりの
一番出っぱったところ

ひじを軽く曲げ、肩先から手首の骨まで **袖丈**

首を前に傾けたとき出っぱる骨（頸椎）

背丈

ウエスト

足のつけ根

身長

パンツ丈・スカート丈

股下

> パンツの場合は、丈や裾幅だけでなく、股ぐりや股下もチェックしておきましょう。

> ボトムを作るときは、パンツ丈またはスカート丈も採寸しておくとよいでしょう。
> 採寸するときは、そのボトムに合わせるシューズをはくのがベスト。ヒールの高さによっては、丈が変わってしまいます。

型紙の使い方

型紙作りはソーイングの基本中の基本。ソーイングの用語と型紙の写し方のコツはもちろん、
初心者もチャレンジしやすい、かんたんな丈の調節の仕方も解説します。

型紙のパーツの名称と記号

この本の実物大型紙と作り方ページで使われ
ている名称と記号をピックアップしました。
市販の型紙や他のソーイングの本でも、ひん
ぱんに登場する用語なので、意味を知ってお
きましょう。

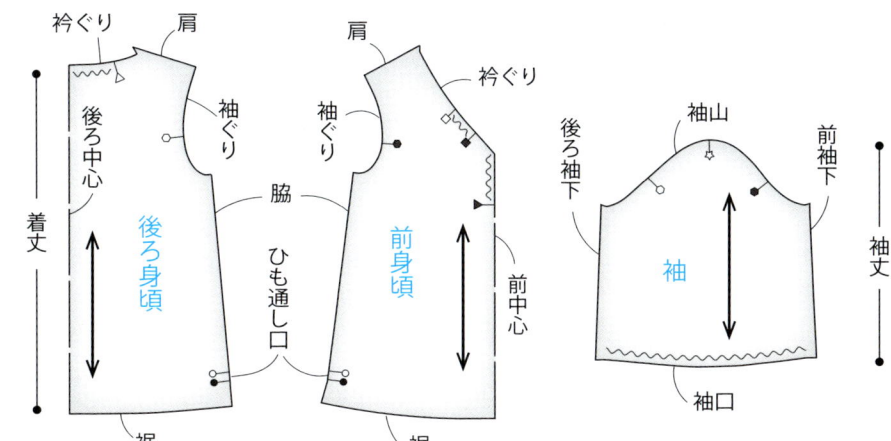

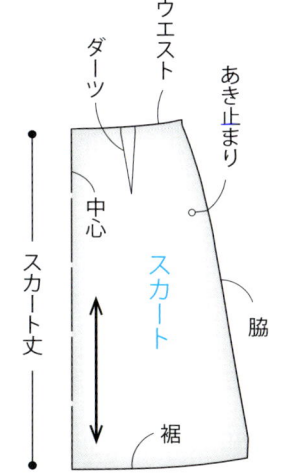

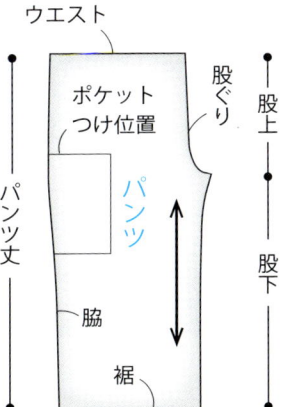

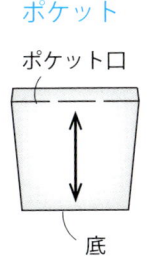

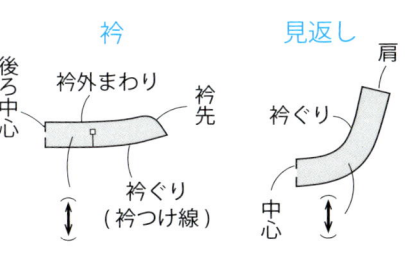

縫い代線	———	縫い代を含んだ型紙の線。縫い代線なしの型紙の場合は、この線ができ上がり線になる。
わ	— — —	布を折る位置を示した線。かつ型紙の中心で、左右対称に折りたたまれていることを示す。
折り返し線	- - - -	布を折る位置を示した線。
布目線	◄———►	矢印が片方の場合はニット地や柄が一方向の布、または毛並みがある布を示し、一方向に型紙を配置する。
合い印	⬤⬤▢◼△▲	2枚のパーツをぴったり縫い合わせるための印。ほかにはギャザーを寄せる範囲なども示す。
ギャザー	〜〜〜〜	ギャザーを寄せる位置を示す。右上の袖のように範囲を示さない場合は、袖口全体にギャザーを寄せる。
タック	▦→⊓	タックの位置を示す。斜線の高い方から低い方へとたたむ決まりがある。

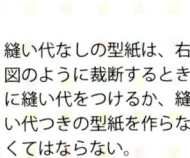

この本の型紙は
すべて縫い代込みです

市販の型紙やソーイング本に付属している
型紙は、「縫い代込み」と「縫い代なし」があ
ります。
縫い代なしの型紙に、縫い代をつける作業
は大変手間がかかります。初心者が手軽に
はじめられるように、この本の型紙は縫い
代込みにしました。

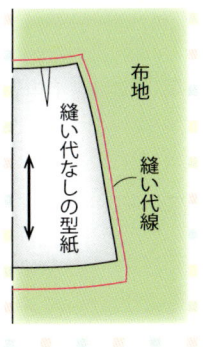

縫い代なしの型紙は、右
図のように裁断すると
き に縫い代をつけるか、縫
い代つきの型紙を作らな
くてはならない。

型紙の写し方

付録の実物大型紙は、他の型紙と重なっている部分があるので、そのまま切り取らず、ハトロン紙（型紙用の紙）に写して使います。

衿や袖など小さい型紙がある場合は、大きい型紙から写し、小さい型紙は紙の余白を利用して写しましょう。

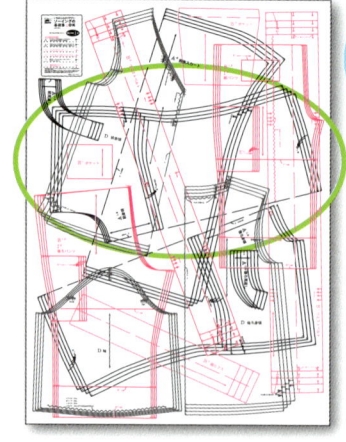

> 1面の A⁻¹（P.34）の前身頃を例に解説します。

用意するもの（P.7参照）

実物大型紙、ハトロン紙、定規、
文房具、ウエイト

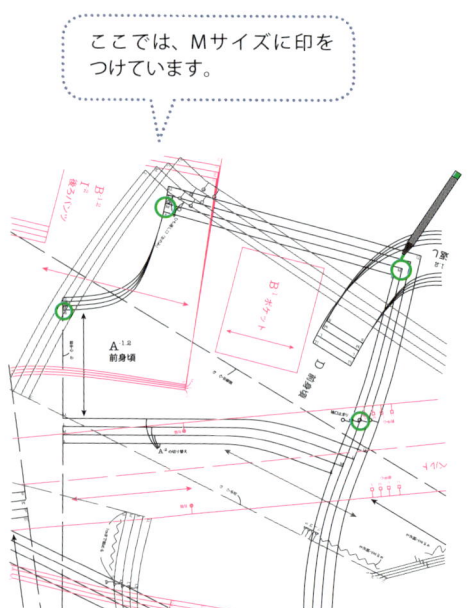

> ここでは、Mサイズに印をつけています。

1 型紙に印をつける

写している途中で間違えないように、マーカーで角や合い印に印をつけておく。

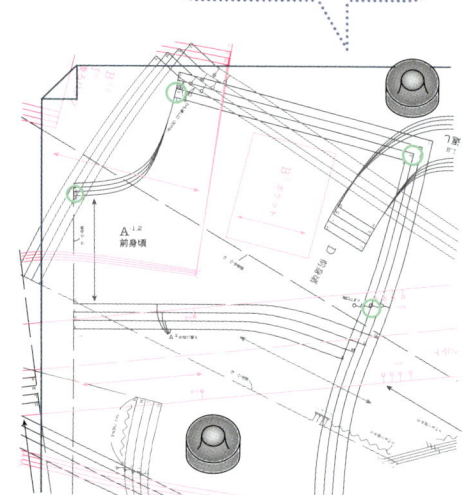

> ウエイトは、型紙の線をよけて置きましょう。

2 型紙の上にハトロン紙をのせる

型紙の周囲に余白を持たせるようにハトロン紙をのせ、ウエイトで固定する。

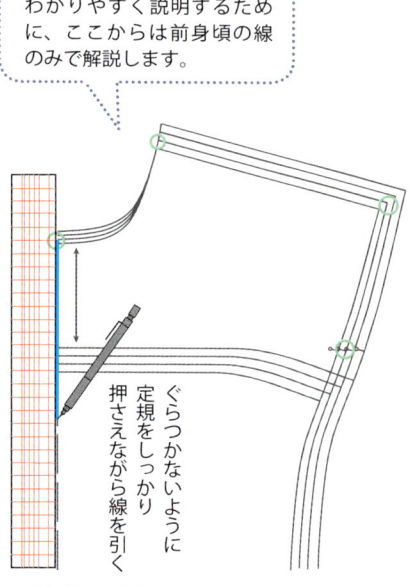

> わかりやすく説明するために、ここからは前身頃の線のみで解説します。

3 前中心（直線）を引く

ハトロン紙から透けて見える、前中心の線に定規を合わせて線を引く。

> ぐらつかないように定規をしっかり押さえながら線を引く

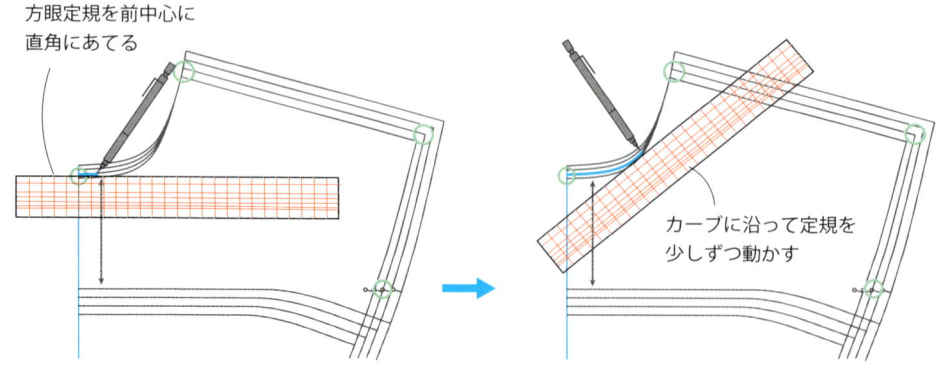

> 方眼定規を前中心に直角にあてる

> カーブに沿って定規を少しずつ動かす

4 衿ぐり（カーブ線）を引く

出だしの線はほぼ直角なので、定規で3〜4cmほど直線を引く。**カーブはペン先を紙から離さないように、定規を少しずつずらしながら線を引いていく。**

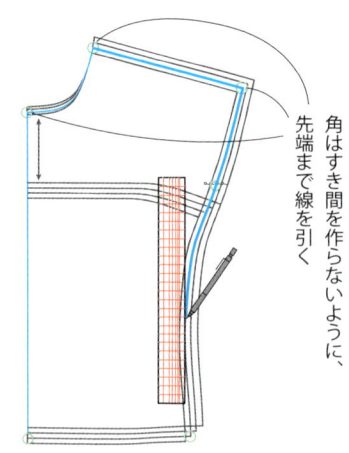

> 角はすき間を作らないように、先端まで線を引く

5 肩・袖口〜脇・裾を引く

前中心や衿ぐりと同様に線を引く。

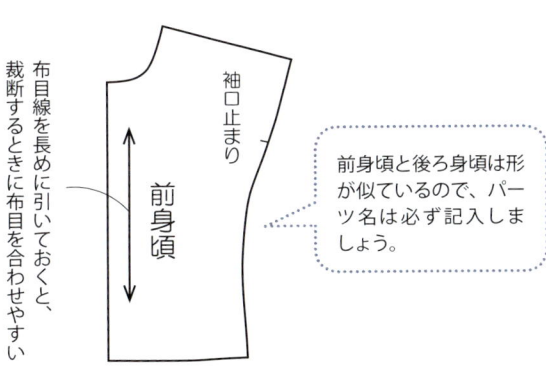

布目線を長めに引いておくと、裁断するときに布目を合わせやすい

袖口止まり

前身頃

前身頃と後ろ身頃は形が似ているので、パーツ名は必ず記入しましょう。

6　型紙の情報を書き写す
合い印や布目線を写し、パーツ名を記入する。

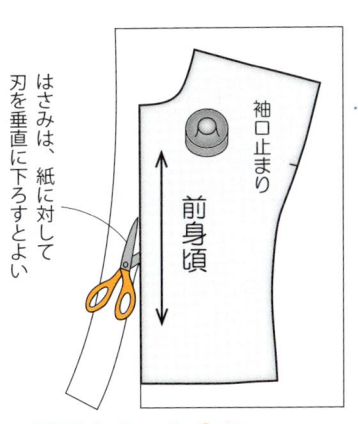

はさみは、紙に対して刃を垂直に下ろすとよい

袖口止まり

前身頃

大きなパーツを切るときは、ウエイトを置くと切りやすくなります。

7　型紙をカットする
写しもれがないか、確認してからカットする。

型紙の丈を調節

ここでは、2面の C⁻¹ (P.54) の後ろスカートを例に、丈を長くする方法を解説します。前スカートや他の型紙も、同じ方法で丈を調節してください。

まずは型紙をハトロン紙に写し、それから延長線を引きます。型紙の縫い代幅は、各作り方ページの「縫う準備をする」を参照してください。

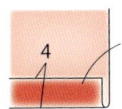

縫い代幅 4cm

4

縫い代幅 5cm

4　　1

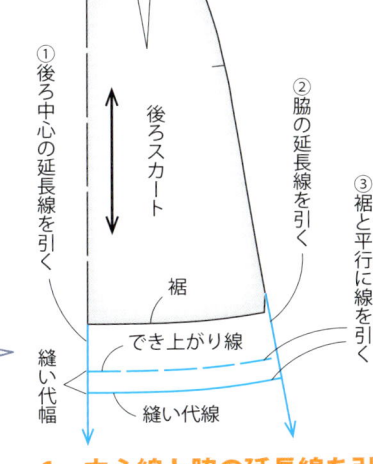

① 後ろ中心の延長線を引く

後ろスカート

② 脇の延長線を引く

③ 裾と平行に線を引く

裾

でき上がり線

縫い代幅

縫い代線

1　中心線と脇の延長線を引く
後ろ中心と脇をそのままのばして線を引き、裾と平行に線を引く。

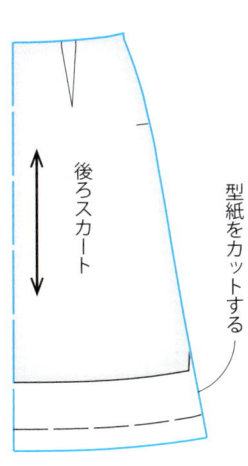

後ろスカート

型紙をカットする

2　型紙をカットする
1の縫い代線に沿ってカットする。

丈を短くする場合

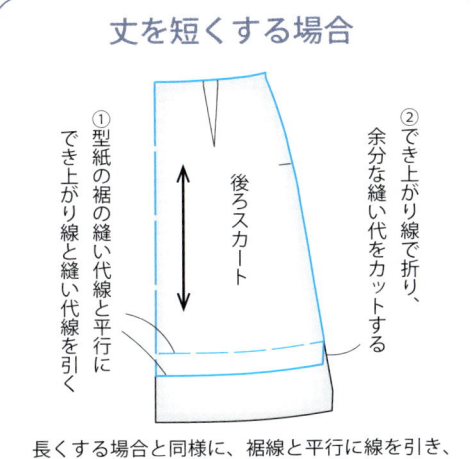

① 型紙の裾の縫い代線と縫い代線と平行にでき上がり線と縫い代線を引く

後ろスカート

② でき上がり線で折り、余分な縫い代をカットする

長くする場合と同様に、裾線と平行に線を引き、余分な縫い代をカットする。

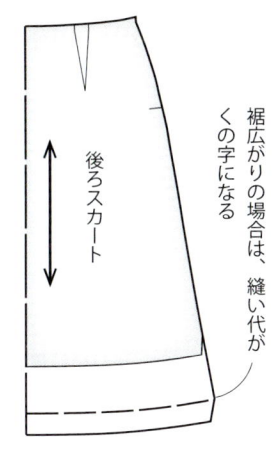

① でき上がり線で折る

後ろスカート

② 余分な縫い代をカットする

縫い代を広げると…

裾広がりの場合は、縫い代がくの字になる

3　余分な縫い代をカットする
でき上がり線で折り、余分な縫い代をカットする。

地直し

地直しとは、裁断の前に水分と熱であらかじめ布地を縮めておくこと。布地は服を仕立てているときの
アイロンの熱や、完成後の洗濯などで縮むことがあるので、地直しが必要です。

木綿や麻素材の地直し

購入したばかりの布地は、多少なりともゆがみがあります。
そのまま服を仕立てると、洗濯したときに縮んだり、形くず
れしてしまうことも。地直ししてから裁断しましょう。
特に輸入物の木綿や麻は、布目が曲がっていたり、水分を含
むと縮みやすいことが多いので、あらかじめ水に浸して縮ま
せましょう。

「中表」って何？

布地の表面が内側になるように
折ること。反対に、表面を外側
に折ることは「外表」といいます。

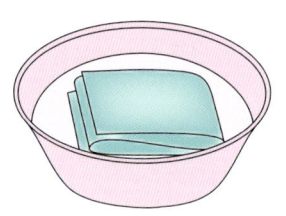

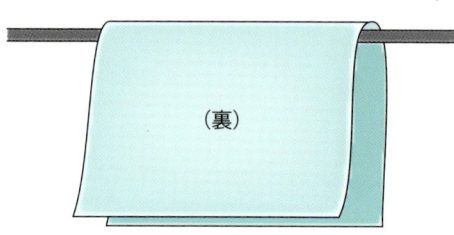

（裏）

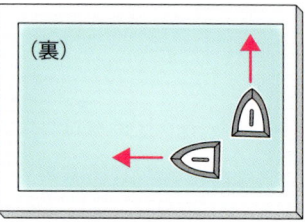

（裏）

1　たっぷりの水に浸す

布をびょうぶだたみにし、水に浸す。完
全に水がしみ渡っているか、折りたたん
だ内側もチェックし、そのまま1時間く
らいおく。この作業を水通しという。

2　しわを伸ばして干す

軽く脱水し（洗濯機の脱水を長くかける
と、しわになるので注意）、物干し竿に
なるべく大きく広げ、中表にして陰干し
する。生乾きの状態になるまで干す。

3　布目を整える

まずは、たて・よこの布目を確認し、ゆ
がんでいたら、手で引っぱって布目を直
す。ゆがみと逆方向に引っぱるのがコツ。
ある程度直ったら、布目の方向に沿って
アイロンをかける。

防縮加工がされている布地は、水通しは必要ありません。霧吹きで
湿らせて、アイロンで布目を整えましょう。
複数の素材を使った混紡布など、水につけてよいか悩む布地は、は
ぎれで試して、風合いの変化を確認してください。作品の完成後の
洗濯のためにも、この段階でひと手間をかけておきましょう。

ウール素材の地直し

ウールの場合は水通しはせず、霧吹きで湿らせます。
水分をよくなじませてから、アイロンで布目を整えます。

当て布は、古いハンカチや
余り布、または型紙で余っ
たハトロン紙でOK。

ドライアイロンで
地直しする素材

化学繊維やシルクは、水が付着すると
しみになったり、風合いが損なわれたり
するので、ドライアイロンの熱で縮めな
がら地直しします。
同様に、ラメやフロッキー加工がほどこ
されている布地も、ドライアイロンで地
直しします。
いずれもデリケートな素材なので、当て
布をし、温度設定に気をつけてアイロン
をかけましょう。

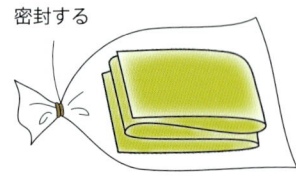

密封する

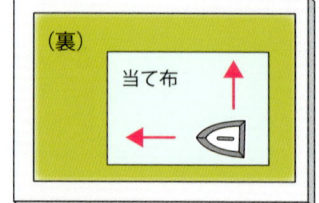

（裏）

当て布

1　水分を含ませる

霧吹きで布地全体をまんべんなく湿ら
せ、ポリ袋に入れて2〜3時間放置する。

2　布目を整える

木綿と同じように布目を整える。アイロ
ンをかけるときは、当て布をする。

裁断

地直ししたら、いよいよ裁断。広い作業スペースを確保してから作業をはじめましょう。
この本の作品の型紙の置き方（裁ち合わせ図）は、各作り方ページを参照してください。

型紙の置き方

基本的には大きい型紙から配置し、空いたスペースに衿や袖、ポケットなどの小さな型紙を配置します。

※右の図は、型紙A-1（P.35）の配置をもとに解説しています。

> 裁断はソーイングの工程の中でも、もっとも手間がかかる作業です。**初心者は、柄合わせをしなくていい無地やこまかい柄物の布を選びましょう。**

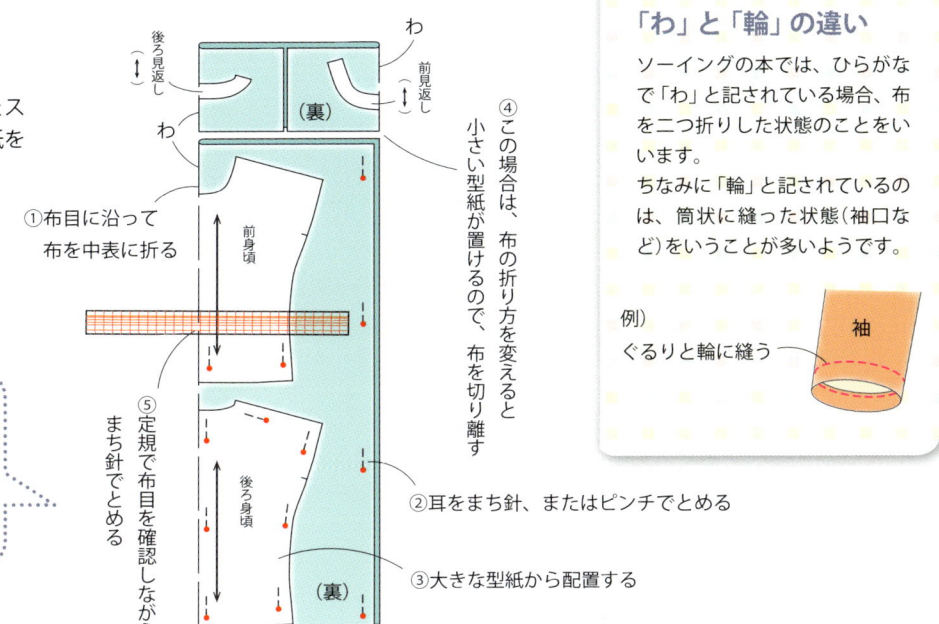

後ろ見返し
前見返し
わ
わ
（裏）

① 布目に沿って布を中表に折る
② 耳をまち針、またはピンチでとめる
③ 大きな型紙から配置する
④ この場合は、小さい型紙が置けるので、布の折り方を変えると、布を切り離す
⑤ 定規で布目を確認しながらまち針でとめる

前身頃
後ろ身頃
（裏）

「わ」と「輪」の違い

ソーイングの本では、ひらがなで「わ」と記されている場合、布を二つ折りした状態のことをいいます。
ちなみに「輪」と記されているのは、筒状に縫った状態（袖口など）をいうことが多いようです。

例）
ぐるりと輪に縫う

袖

差し込みと柄合わせ

織り地で無地、もしくはランダムな柄物の場合は、型紙の上下を逆にして配置してもOK。これを「差し込み」といいます（左図）。工夫次第で、布を無駄なく最小限に裁つことができます。
柄合わせをする場合は、柄が見えるように布を外表に折り、裾を基準に柄を合わせていくとよいでしょう（右図）。

※この本の作り方ページの裁ち合わせ図は、型紙を一方向で配置しています。

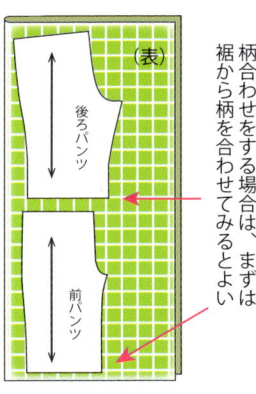

型紙を逆さにして差し込む

（裏）
後ろパンツ
前パンツ

（表）
後ろパンツ
前パンツ

柄合わせをする場合は、まずは裾から柄を合わせてみるとよい

差し込みNGな布地

◆柄に方向がある布地
たとえば、上下があるイラストが整然と一方向に並んでいるような柄物の布
◆ニット地
編み地は方向性があるので、一方向で裁つ
◆毛並みがある布地
毛足があるウール地、コーデュロイ、ベロア、ボアなど

裁ちばさみの使い方

裁ちばさみは、直線部分は刃を大きく開いて切ります。刃を閉じきらずに切り進めるのがコツ。カーブは刃先を使い、こまめに切りましょう。
一度配置した型紙は、裁断が終わるまで動かさないようにします。布を動かすと、きれいに配置した型紙がずれてしまう場合があるので、裁断は一気に行いましょう。

○

はさみの下刃を作業台につけ、布に対して垂直に上刃を下ろす。はさみを持たない手で布を押さえながら、すべらせるように動かすと切りやすい。

×

はさみや布を持ち上げて切ると、布がずれたり、切れ目がガタガタになるので注意。別の角度からはさみを入れたいときは、布は動かさず、自分が動く。

接着芯を貼るパーツの裁断

見返しや衿、カフスなど、しっかりさせたいパーツには接着芯を貼ります。衿ぐりの見返しなど小さなパーツと接着芯は、粗裁ち（おおまかに裁断）し、接着芯を貼ってから裁断するとよいでしょう。

※接着芯を貼るパーツは、各作品の作り方ページの裁ち合わせ図に記載されています。

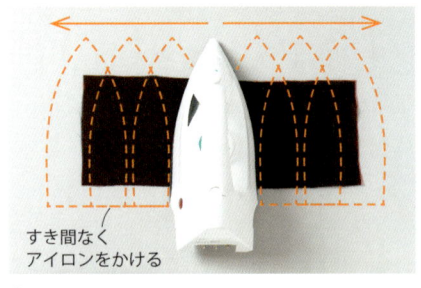

すき間なく
アイロンをかける

1 粗裁ちしたパーツに接着芯をのせて、当て布をし、中心からアイロンをかける。

※写真は、わかりやすいように当て布をはずしてある。当て布は、古いハンカチや余り布、または型紙で余ったハトロン紙でもOK。

2 アイロンの熱が冷めてから裁断する。熱が冷めないうちに動かすと、接着芯がはがれたり、布にくせがついたりするので注意。

ポケットの印つけと力布

ポケットの印つけは、チャコペンを使用します。ダーツ（P.56）も同じ方法で印をつけます。
ポケット口は手の出し入れをするので、布にもっとも負担がかかる部分。ポケットをつける前に接着芯を貼っておくと、丈夫になります。この接着芯を力布といいます。

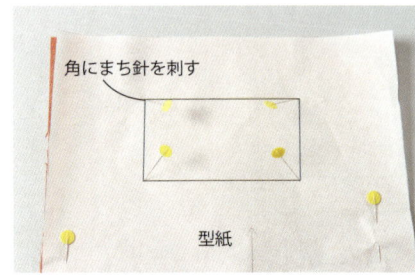

角にまち針を刺す

型紙

1 裁断の後、型紙を外さないで、ポケットつけ位置の四つ角にまち針を刺す。

角の印をつける

2 まち針がとれないように、型紙をそっとめくり、まち針の位置に印をつける。

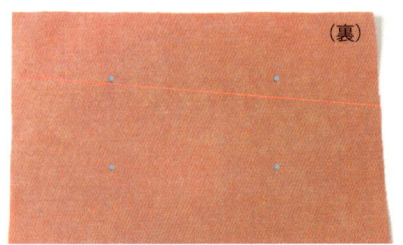

（裏）

3 同様に、残りの角の印をつける。

（裏）

4 角の印をつなげる。

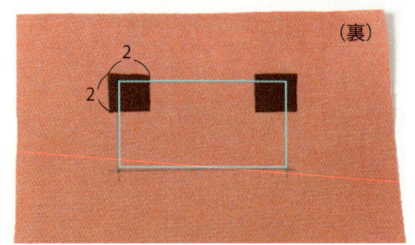

（裏）

5 ポケットつけ位置（ミシン目）にかかるように、2×2cmの接着芯を貼る。

裁ちばさみのお手入れ

使い終わったら、刃についたホコリをふきましょう。時々、ミシン油でふくと、切れ味が長持ちします。刃こぼれを防ぐために、カバーをして保管しましょう。

H（P.94）の余り布で作ったはさみカバー。ラミネート素材は丈夫で縫い代の始末が不要なので、はさみカバーにはうってつけ。

適当OK！超かんたん！ はさみカバーの作り方

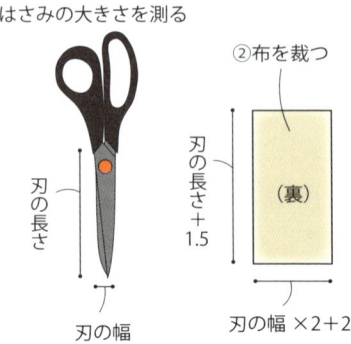

①はさみの大きさを測る

刃の長さ

刃の幅

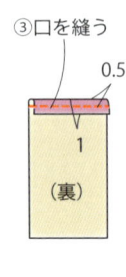

②布を裁つ

刃の長さ＋1.5

（裏）

刃の幅×2＋2

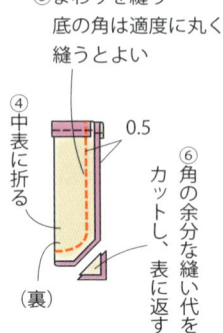

③口を縫う

0.5

1

（裏）

⑤まわりを縫う
底の角は適度に丸く縫うとよい

④中表に折る

0.5

（裏）

⑥角の余分な縫い代をカットし、表に返す

ミシン縫い

お手頃価格なコンピューターミシンでも、いろいろな縫い目の機能がついています。
初心者でも気軽に使えて大変便利です。使いこなせば、仕上がりもワンランクアップします。

地縫いとは、2枚の布を中表に合わせて、でき上がりの位置を縫うことです。

ミシンの縫い目

右表の縫い目は、多くの家庭用コンピューターミシンに搭載されている機能です。この本の作品でフル活用しています。手持ちのミシンが、これらの縫い目ができるか確認してみてください。

直線縫いとジグザグしか使わないなんて、もったいない！
便利な機能はどんどん使おう。

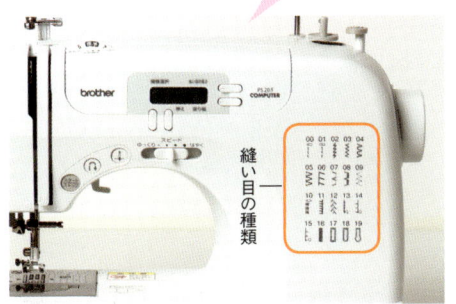

上の写真のように、ミシン本体に縫い目の種類が記載されていることが多い。縫い方の詳細は、ミシンに付属している取扱説明書で確認しよう。

名称		縫い目		用途
地縫い	直線縫い			伸縮素材以外の地縫いとステッチ（P.26）、ギャザーの粗ミシン（P.68）に。針の位置が、左か中央に設定できるので、用途で使い分けるとよい。
	伸縮縫い（ニット地用）			ニット地の地縫い（P.28、P.83）に。布の伸縮に合わせられるように、縫い目が斜めになっている。
	3重縫い			股ぐり（P.47）や袖ぐりなど、丈夫にしたいところに。3重縫いの機能がない場合は直線縫いで同じところを2度縫う。
裁ち目かがり（縫い代の始末）	薄地・普通地用			縫い代のほつれどめで、布端をかがりながら縫う機能。ジグザグ縫いの縫い目は、糸が切れると簡単にほどけてしまうが、裁ち目かがりは、ほどけにくい。仕上がりもきれいなので、この本では縫い代の始末は裁ち目かがりを使用。裁ち目かがりの機能がない場合は、ジグザグ縫いで代用する。
	厚地用			
	ニット地用			
その他（飾りミシン）	ジグザグ			飾りミシン。この本の作品では未使用。ジグザグ縫いで縫い代の始末をする場合は、P.26を参照。
	3点ジグザグ			ゴムテープを縫いつけたり（P.93）、飾り縫いや、厚地や伸びる布のほつれどめにも使える。
	ボタン穴かがり			ボタンホールの穴かがりミシンのこと。ボタンホールには種類がある。縫い方や押さえ金はP.29を参照。

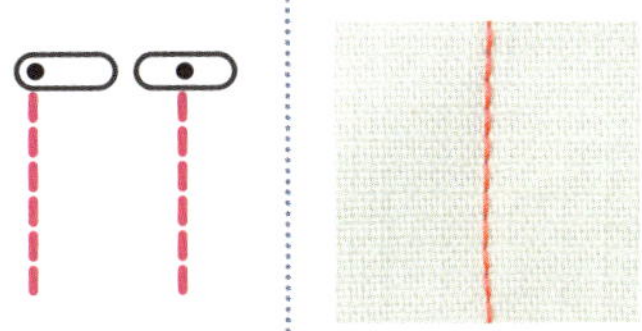

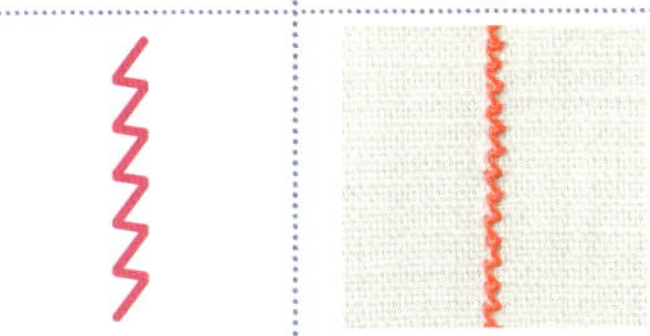

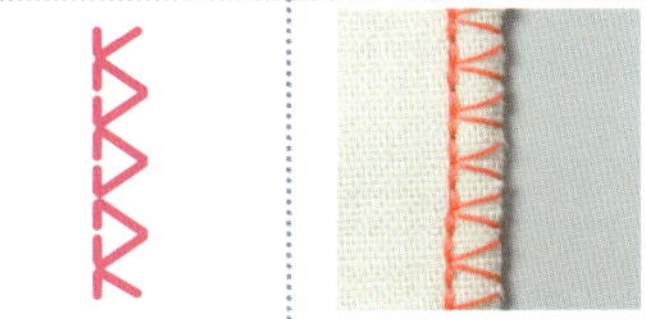

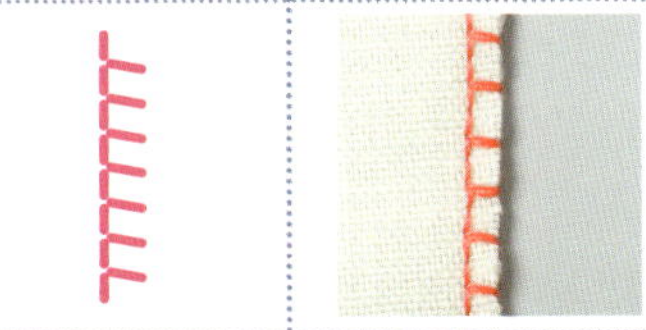

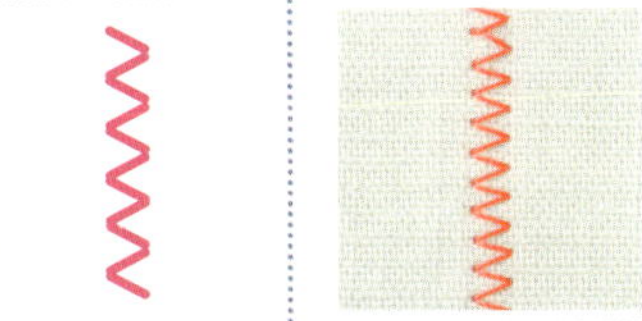

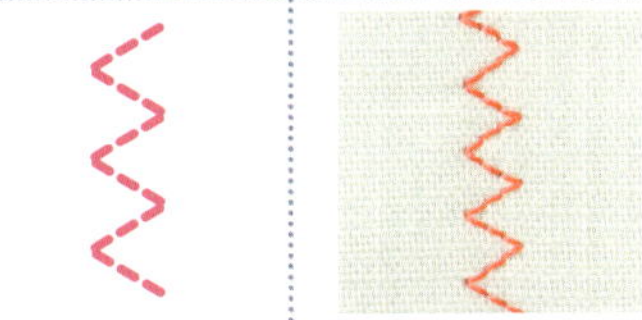

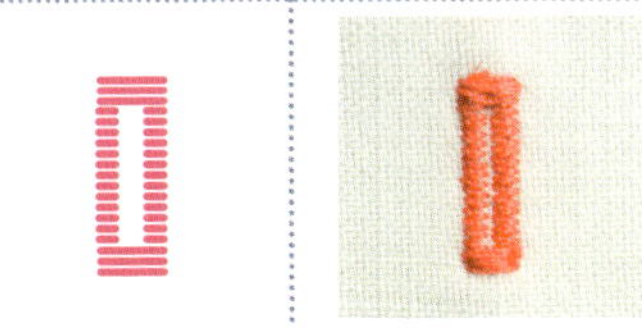

ミシンの押さえ金は、縫い目の種類によって取り替えます。ミシンの取扱説明書を確認して、替えてください。

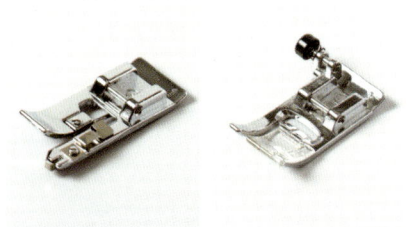

上の写真はミシンに付属されていた押さえ金。左は裁ち目かがり用（薄地〜厚地）。右は直線縫い、ニット地の裁ち目かがり、ジグザグを兼ねている。

長方形のおやつマットで
直線縫い＆角縫いの練習

C-2（P.61）の余り布で
リバーシブル仕立て。
ちょっと縫い目が曲がっても、
自分用にならいいよね！

実際に作品に使う布と糸で、ミシン目を確認するために縫うことを「試し縫い」といいます。作品を縫う前には、必ず試し縫いをしましょう。
試し縫いは裁断をした後の余った布を利用し、本来はそのまま捨ててしまうものですが、今回はおやつマットに仕立ててみました。

材料＆道具
15×22cmの布を2枚、#60のミシン糸
#11のミシン針、直線縫い用の押さえ金
でき上がりの大きさ…約13×20cm

1 準備

自分の好みの大きさでOK。この作品の場合は、返し口の位置や寸法も、おおまかで大丈夫です。

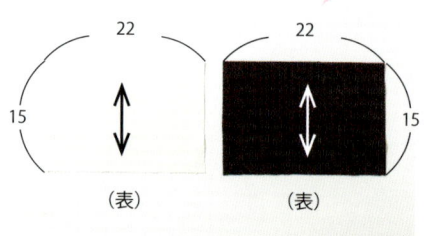

1 布を2枚用意。この作品の場合は布目をたて地にしたが、よこ地でもよい。

2 布を中表に合わせ、まち針でとめる。返し口の位置（10cm）に印を入れておく。

まち針のとめ方
まち針は縫い線（地縫い、またはこれから縫うミシンの縫い目）に対して垂直に刺すのが基本。まち針で布をほんの少しくってとめます。

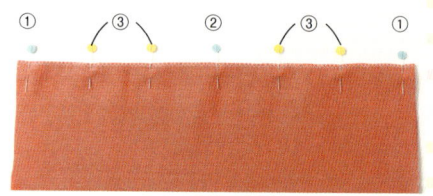

まち針をとめる順番の基本は、まずは縫い始めと縫い止まり（①）、次は中間もしくは合い印（②）、最後はその間（③）をとめていく。

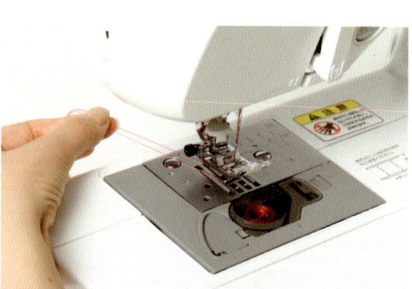

3 ミシンに針と押さえ金をセットし、上糸と下糸をつける。上糸は押さえ金の下を通し、縫うときに巻き込まないように、下糸と一緒に後ろ側に引き出しておく。

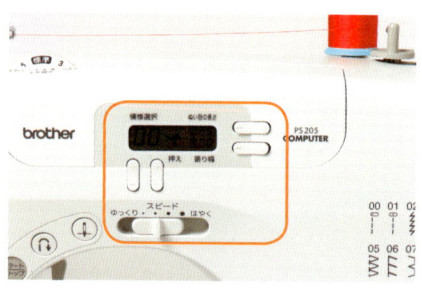

4 縫い目の設定を直線縫い（針の位置を左）にする。針の上下は下に設定するとよい。
スピード設定は、慣れないうちはゆっくりにしておくとよい。

ミシンの取扱説明書は
いちばんの教科書
ミシンのセッティングは、ミシンによって違う場合があるので、ミシンに付属している説明書を確認しましょう。ソーイングの本よりも役立つ情報が載っていることもあるので、ぜひ一度、じっくり読んでみてください。
説明書をなくしてしまった場合は、メーカーに問い合わせましょう。メーカーのサイトで説明書をダウンロードできることもあります。

2 縫い始め（返し縫い）

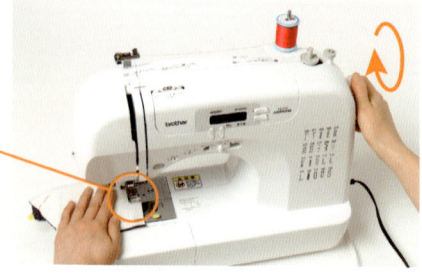

1 押さえ金の下に布をはさみ、縫い始めの位置にプーリー（はずみ車）を手前に回して針を下ろす。このとき、押さえ金をあげたまま、布端がそろうように調節しながら、針を下ろす。

2 押さえ金を下ろす。布端と押さえ金がそろわなかったら、プーリーを奥に回し、やり直す。

※写真では、わかりやすくするために糸の色を変えています。作品には布の色に合った糸を選びましょう。

3 スタートボタンを押し（またはフットコントローラーを踏み）、3〜4針縫う。写真のようにプーリーを手で回して縫ってもよい。

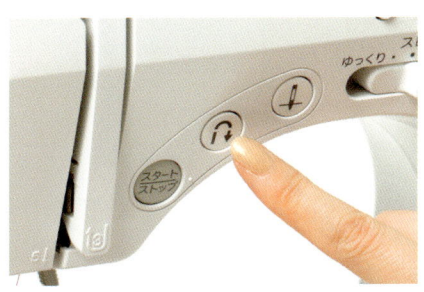

4 返し縫いボタンを押し、3〜4針縫う（縫い始めの位置まで縫い戻る）。

5 スタートボタンを押し、縫い進める。まち針は押さえ金の下になる手前で外し、角の1針手前まで縫う。

③ 角縫い

1 針を刺したまま押さえ金を上げ、布を45度に回す。

2 押さえ金を下げ、プーリーを回して1針縫う。

3 押さえ金を上げ、布を押さえ金と平行になるように（45度）回す。押さえ金を下ろして、ふたたび縫い進める。

④ 縫い終わり（返し縫い）

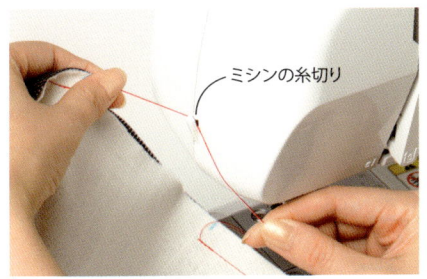

1 残りの角も同様に縫う。縫い終わりも縫い始めと同様に、3〜4針返し縫いをし、最後は針と押さえ金を上げ、布を外しながら糸を引いて切る。

> 角を落として縫ったので、角の縫い代をぎりぎりまでカットできます。

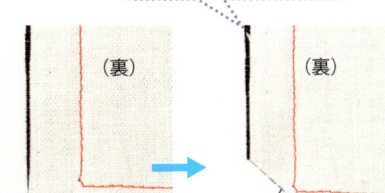

2 角の縫い代をカットする。
※ここで縫い代をカットするのは、角の縫い代が重なって厚くならないようにするため（次ページ参照）。

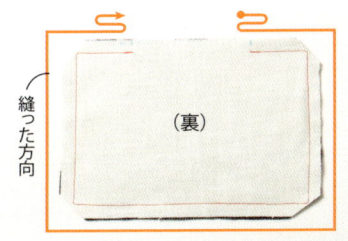

> この段階では、表側に縫い目が出ないので、少しくらい縫い目が整っていなくても大丈夫！

> 縫い始めと終わりは、**返し縫いをするのが基本。**縫い方の解説で指示がなくても、返し縫いをします。余分な糸は、**玉どめをしないでカットしても、ほどけない**ので大丈夫です。

3 余分な糸を切り、縫い目をチェックする。きれいに縫えているようだったら、次のページに進む。

きれいに縫えなかったら…

以下のことを確認します。ミシンの説明書を読んでも原因がわからなかったら、ミシンメーカーのサポートや購入したお店に相談してみましょう。

◆上糸・下糸のセットの仕方
何かの拍子で糸が外れてしまうことがある。初心者でなくとも間違えることがあるので、最初にチェックする。

◆ボビン
ボビンの糸の巻き方が悪かったり、指定のボビンを使用していないケースがある。

◆針
針のつけ方はもちろん、針が曲がってないか、汚れたり、針先がつぶれていないか、確認する。

◆下糸の釜の中
ホコリがたまっていないか、糸がからまっていないか、奥の方まで確認する。

◆糸調子
水平釜のミシンは、下糸の調子は調節できないので、上糸のダイヤルで調節する。

⑤ 表に返してステッチ

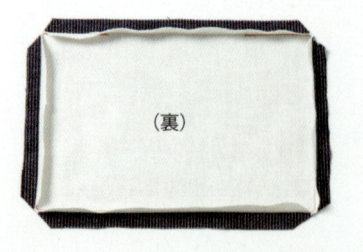

1 アイロンで縫い代を割る。返し口もきっちりアイロンで折り目をつける。

2 親指で角の縫い代を押さえながら、表に返す。

(表)

3 角は目打ちを使って引き出し、形を整える。

ステッチとは縫い目のこと。ソーイングの本では、地縫いと同じ縫い目でも、表に見えるミシン目を「ステッチ」といいます。

4 縫い目の設定を直線縫いの中央にする。④までは、ミシンの自動設定で縫ったが、縫い目の長さを変更したい場合は、この段階で試してみよう。

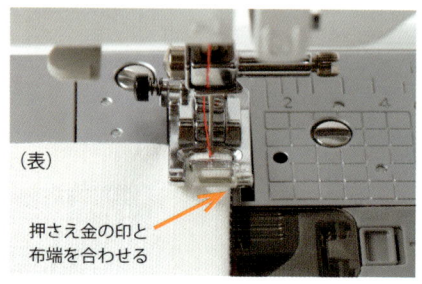

(表)

押さえ金の印と布端を合わせる

5 布端が押さえ金の印に合うように針を下ろし、押さえ金も下ろす。返し縫いをしないで縫い始める。

縫った方向

6 縫い終わりは縫い始めのミシン目と3〜4針重ね、返し縫いをして糸を切る。

知っておきたいミシンの話

まっすぐ縫うコツ

押さえ金に布の端を合わせたり、ミシンの目盛りを目安にして縫うとよいでしょう。視線は布端と押さえ金の端、または布端と目盛りが合っているかを見ながら縫うのがコツ。ちなみにミシンの目盛りは、針の位置(直線縫いでは針を中央に設定したときの位置)が基点(0cm)になります。
厚紙でガイドを作り、布端がガイドに当たるように縫うのもよいでしょう。

視線

視線を針に向けるのではなく、布端と押さえ金の端を見ながら縫う。

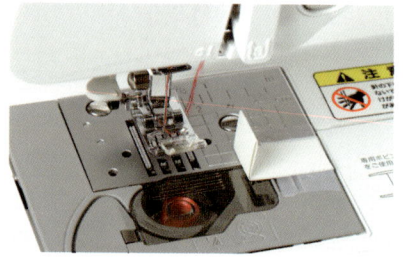

ミシンの目盛りを目安に、縫い代の幅(布端が当たる位置)に厚紙で作ったガイドを貼る。

筒状のものを縫う
パンツの裾やブラウスの袖口を縫うときに。

1 補助テーブルを外してフリーアームにする。

2 筒をアームに入れて縫う。

ジグザグで縫い代を始末

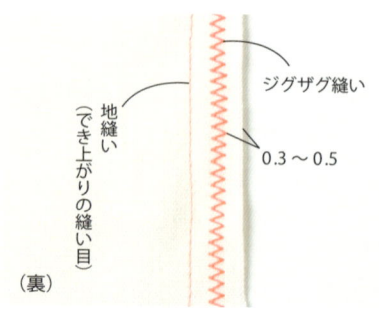

ジグザグ縫い

0.3〜0.5

地縫い(でき上がりの縫い目)

(裏)

裁ち目かがりの機能がないときに。ジグザグ縫いは、かがり縫いではないので、布端より内側を縫う。

だ円のおやつマットで
カーブ縫い＆裁ち目かがりの練習

直線縫いをマスターしたら、次はカーブ縫いと裁ち目かがりを練習しましょう。
型紙の写し方や裁断の練習にもなるので、チャレンジしてみてください。

これもA⁻²（P.40）の余り布で、リバーシブル仕立て。型紙は実物大型紙の2面にあります。

材料＆道具
18×24cmの布を2枚、#60のミシン糸
#11のミシン針、直線縫い用の押さえ金、裁ち目かがり用の押さえ金
でき上がりの大きさ…約15.5×22cm

① 準備

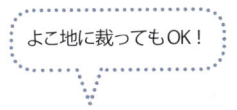

よこ地に裁ってもOK！

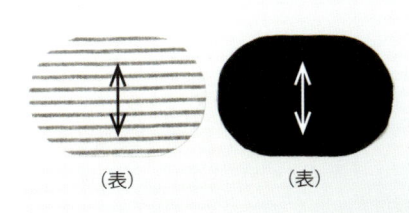

（表）　　（表）

布を裁断する。裁ち端はなるべくきれいにカットしておくのがコツ。布は外表に合わせて、まち針でとめておく。

② カーブ縫い

（表）

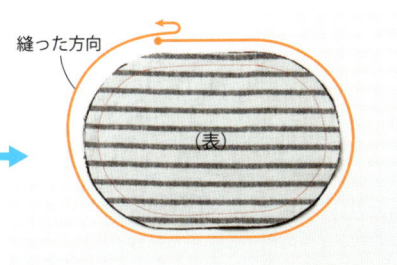

縫った方向

（表）

1 縫い目の設定を直線縫いの左にし、布端を押さえ金の端に合わせて縫う。ゆっくり回しながら縫うとよい。縫い終わりは縫い始めの縫い目と重ね、3〜4針返し縫いする。

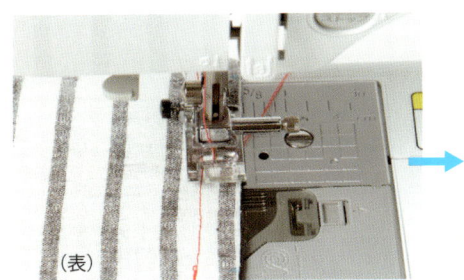

（表）

2 縫い目の設定を直線縫いの中央にし、布端を押さえ金の端に合わせ、1と同様に縫う。

止め縫いは、同じところを3〜5針重ねて縫う機能です。直線縫いの返し縫いと同じ役割になります。

③ 裁ち目かがり

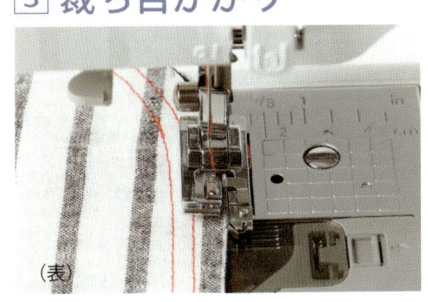

（表）

1 裁ち目かがりの押さえ金に交換し、縫い目の設定を裁ち目かがりにする。布端が押さえ金のガイドに合うように針を下ろし、押さえ金を下ろす。

縫い目の設定（針の位置をずらす）を変更しただけで、かんたんにダブルステッチができました！

（表）

2 縫い始めは止め縫いをする。このミシンの場合は、返し縫いのボタンを1回押すと自動でできる。

（表）

3 押さえ金のガイドに沿わせながら、ゆっくりと布を回しながら縫う。

4 縫い終わりも止め縫いをし、余分な糸を切って完成。

※写真では、わかりやすくするために糸の色を変えています。作品には布の色に合った糸を選びましょう。

ニット地のシュシュで
伸縮縫いの練習

カットソーの試し縫いのついでに、シュシュを作ってみました。ニット地のあつかいを学びながら縫ってみましょう。

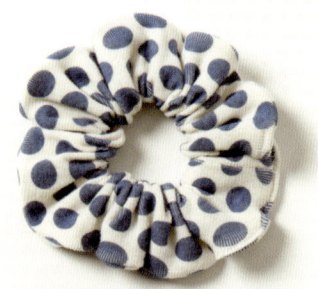

F（P.82）の余り布を使用。ゴムテープもI⁻¹（P.100）の余りですが、手持ちのヘアゴムでもOK！

シュシュはまっすぐ縫うだけなので、他の作品の試し縫い（直線縫い）にもおすすめ。左はI⁻¹（P.100）、右はD（P.66）の試し縫いで製作。

材料＆道具
11×54cmの布を1枚、ミシンスパン糸＃60、0.7幅のゴムテープ16cm
＃11のニット地用ミシン針、直線縫い用の押さえ金
でき上がりの大きさ…直径約11.5cm

1 準備

シュシュも、自分の好みの大きさに作ってもOK。ゴムテープの通し口の位置も、おおまかで大丈夫です。

ニット地については、P.83も参照してみてください。

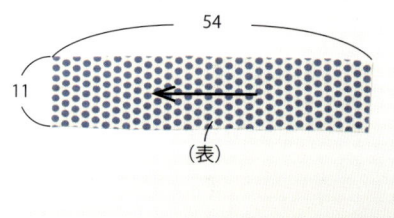

54
11
（表）

1 布を裁断する。<mark>ニット地はよこ方向がもっとも伸びる</mark>ので、はじめて縫う場合は、長く縫う側をたて地にするとよい（右のコラム参照）。

②印をつける
10　10
①折る　（裏）

2 布を中表に折り、ゴムテープ通し口に印をつけ、ピンチでとめる。
※ニット地は、ずれやすく、まち針が刺しにくいので、ここではピンチを使用。

2 伸縮縫い

1 ニット地用のミシン針と押さえ金に交換し、伸縮縫いの設定をする。縫い始めは、止め縫い（P.27参照）をしてから縫う。

2 布を伸ばさないようにミシンをかける。縫い終わりは縫い始めと同様に、止め縫いをする。

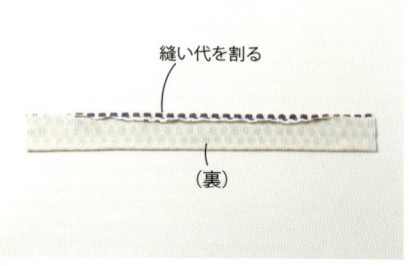

縫い代を割る
（裏）

3 縫い代をアイロンで割る。

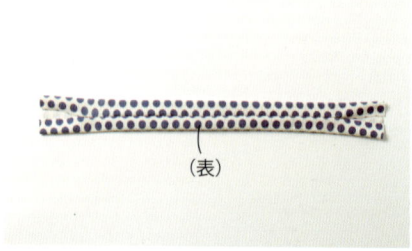

（表）

4 表に返す。

ニット地には
伸縮縫いがおすすめ！

ニット地は毛糸の編み物と同じように、メリヤス編みやゴム編みで編まれた布で、<mark>たて・よこ・斜め、全方向に伸びます。</mark>伸縮縫いの縫い目は斜めなので、布を引っぱると一緒に伸びます。ニット地用の伸びる糸を用意する必要がありません。

布を引っぱると、ミシン目が布の伸縮にあわせて、まっすぐになる。<mark>伸縮縫いをするときは、糸は普通地用（＃60）を使う。</mark>

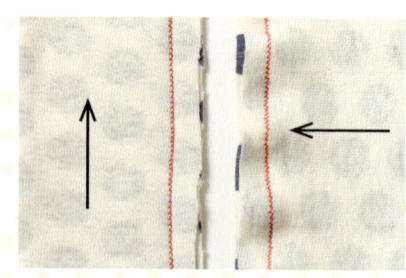

左がたて地、右がよこ地で縫った場合。よこ地は伸びやすいが、スチームアイロンで上から押し当てるようにかければ、多少であれば元に戻るので大丈夫。

※写真では、わかりやすくするために糸の色を変えています。作品には布の色に合った糸を選びましょう。

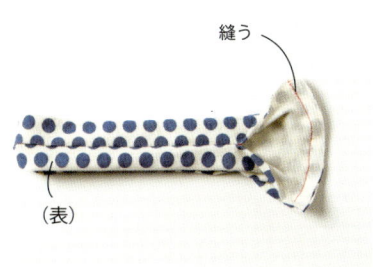

縫う
（表）

①縫い代を割る
②ゴムテープの端を縫い合わせる

縫い閉じる

5 筒になるように、布端を中表に合わせて縫う。このとき、よこ地を縫うことになるので、伸ばさないように注意する。

6 縫い代を割り、ゴムテープを通す。ゴムテープは写真のように、端を1cm重ねて縫い合わせるか、ほどけないように固結びをしてもよい。

7 ゴムテープ通し口の縫い代をでき上がりに折って縫う。

ボタンホール

ボタンホールはミシンに付属されている穴かがり用の押さえ金を使って縫います。
押さえ金にボタンをセットすると、ミシンが自動的にボタンホールの大きさを決めて縫ってくれます。

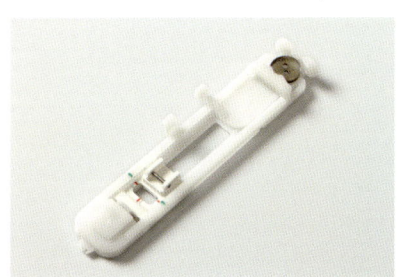

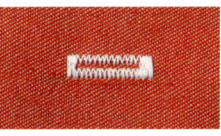

左上がシャツ用。左下はジャケット用で、はと目を開ける。右上はねむり穴（飾り縫いの一種。穴を開けない）。

ボタンホールの作り方

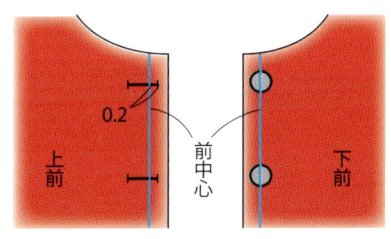

上前　前中心　下前
0.2

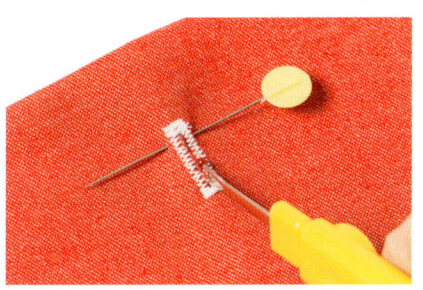

1 ボタンホールの位置に印をつける。前中心から0.2cmずらして印をつける。

2 ミシンに押さえ金を取り付け、ボタン穴かがりの設定にして縫う。縫い終わると、自動で止まる。

3 リッパーで穴を切り開く。このとき、縫い目まで切らないように、縫い目のぎりぎり手前にまち針を刺しておくとよい。

ボタンつけ

ボタンつけは、ミシン糸2本どりでも大丈夫ですが、ボタンつけ糸（P.11）なら1本どりで、スムーズにできます。
糸足を作ると、布とボタンの間にすき間ができるので、ボタンがはめやすくなります。

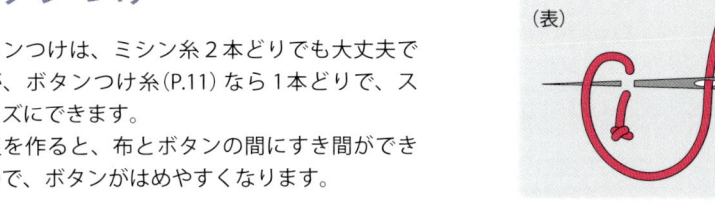

（表）　　　　　　（表）　　　　　0.5（糸足）

①表から針を入れ、1針返す。

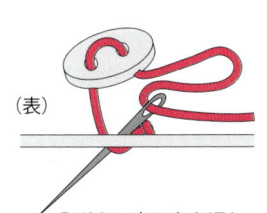

②ボタン穴に糸を通し、裏に針を出す。

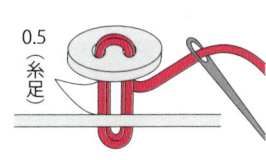

③2〜3回繰り返す。

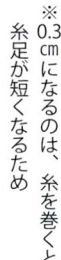

※0.3cmになるのは、糸を巻くと糸足が短くなるため

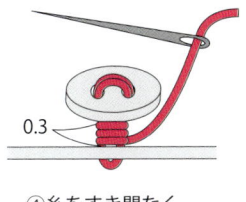

0.3

④糸をすき間なく、しっかりと巻く。

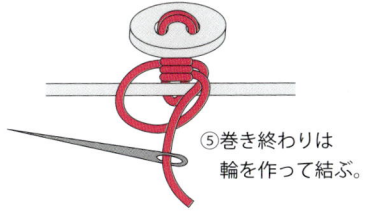

⑤巻き終わりは輪を作って結ぶ。

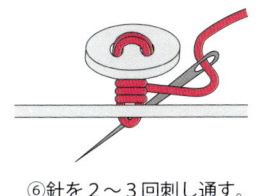

⑥針を2〜3回刺し通す。

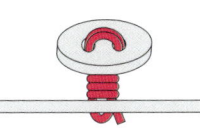

⑦結び玉を作り、布の間引き込み、糸を切る。

29

アイロンのかけ方

アイロンがけは仕上がりの決め手となる、とても重要な作業です。
アイロンをこまめにし、テクニックをマスターしましょう。

アイロンのかけ方

力まかせに引きずりながらアイロンをかけると、布が伸びてしまうことがあります。裁断したパーツは、上から押さえるようにアイロンをかけ、アイロンはその都度持ち上げて移動させましょう。
==基本的に、製作中は何度もアイロンがけをするので、布を傷めないように、アイロンの先端と腹を使ってかけます。==

先端
腹（アイロンの縁）
面

> ウールやシルクなどデリケートな素材には、当て布をしてアイロンをかけましょう。当て布は古いハンカチや型紙の余りでOK！

写真はアイロンの部位の名称。基本的に面を使うときは、広い部分をかけるときと仕上げのときだけ。

「縫ったらアイロン」が基本

==ミシンで縫ったら、必ず縫い目にアイロンをかけましょう。==あまりきれいに縫えなかったとしても、多少であればアイロンで縫い目を整えることができます。
縫い代も、立体になるとアイロンをかけづらくなってしまうので、縫い目を整えた後に一緒にかけてしまいましょう。

縫い目を整える

（裏）

アイロンの先端で、縫い目にアイロンをかけると、縫い目が落ち着く。

縫い代を片返しにする

（裏）

縫い代を2枚一緒に始末したときは、片側に縫い代を倒し、アイロンの先端を使ってかける。

縫い代を割る

（裏）

縫い代を割るときも、先端を使ってかけると、表側にあたり（縫い代のあと）がつかない。

あたりを防ぐ方法

> 毛足のある素材やデリケートな素材に

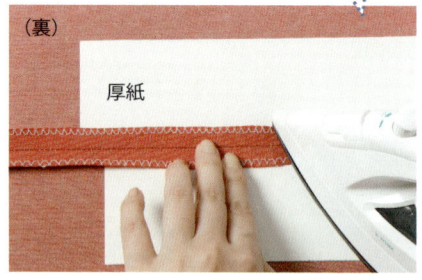

（裏）
厚紙

縫い代の間にそれぞれ厚紙をはさんでアイロンをかければ、面を使ってアイロンをかけてもあたりがでない。

折り目がつけにくい場合

（裏）

縫い代に水滴を少し垂らし、アイロンをかける。折り目がつきにくいウールなどを使ったときに。

ギャザーを落ち着かせる

先端と腹を使い、ギャザーのふくらみをつぶさないように、縫い代のみにアイロンをかける。

アイロンのお手入れ

アイロンに接着芯ののりなどがついて汚れてしまったら、木綿の布などでふき取りましょう。落ちにくいときは、専用のアイロンクリーナーもあります。
アイロン台が汚れたら、替えのカバーを手作りするのもいいですが、アイロンの熱が伝わりやすいアルミコートのカバーもあります。

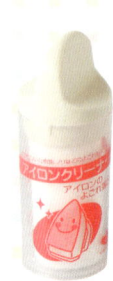

左は手芸店で購入できるアイロンクリーナー。上は市販のアルミコートのカバーをしたアイロン台。

厚紙を活用したアイロン術

作品に取りかかる前に、まずはアイロン定規を作りましょう。二つ折りや三つ折りが、きれいに手早くできます。<mark>この本では、縫い代の二つ折りや三つ折りが印つけの代わり</mark>で、縫う前の準備として欠かせない作業です。アイロン定規があれば、他の作品作りにも役立ちますので、ぜひ作ってみてください。

アイロン定規

写真はストッキングの厚紙で作ったもの。0.5cm間隔で、ペンの色を変えると使いやすい。

二つ折り　例)布端を始末して3cm折る

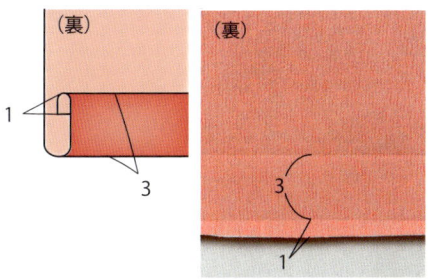

アイロン定規の3cmの目盛りに合わせて縫い代を折り、アイロンをかける。

三つ折り　例)1cm・3cmに折る

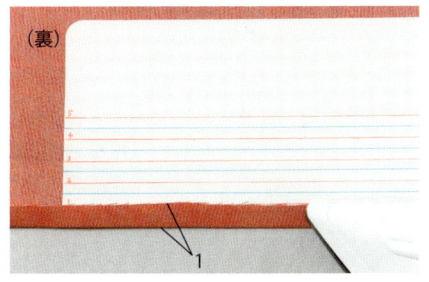

1 アイロン定規の1cmの目盛りに合わせて縫い代を折りながら、アイロンをかける。

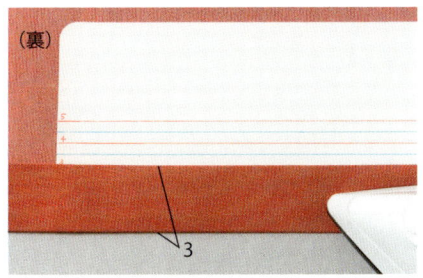

2 さらにアイロン定規の3cmの目盛りに合わせて縫い代を折りながら、アイロンをかける。

左は縫い代の断面図、右は縫い代を広げた写真。

完全三つ折り　例)3cm・3cmに折る

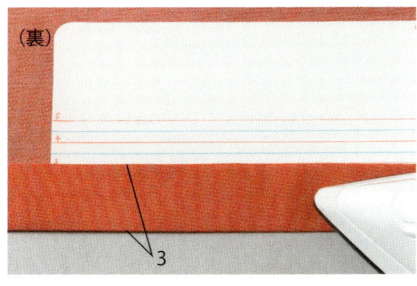

1 アイロン定規の3cmの目盛りに合わせて縫い代を折りながら、アイロンをかける。

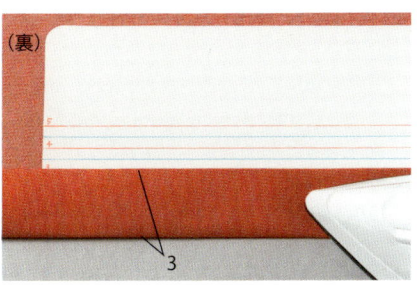

2 さらにアイロン定規の3cmの目盛りに合わせて縫い代を折りながら、アイロンをかける。

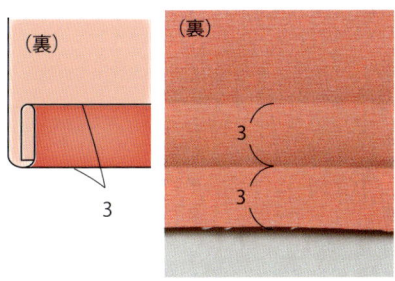

左は縫い代の断面図、右は縫い代を広げた写真。

カーブ部分のアイロン

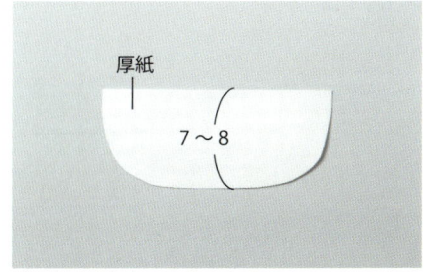

1 厚紙でポケットの底のカーブ部分だけ型紙を作る。

2 ポケットのカーブ部分に型紙を当て、アイロンで折り目をつける。

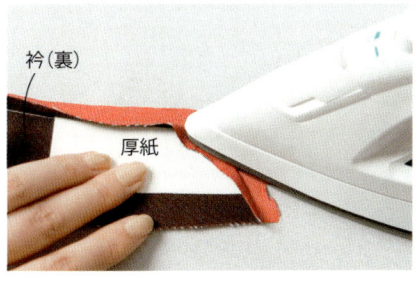

E(P.74)のような衿にも、カーブ部分だけ厚紙で型紙を作ってアイロンをかけるとよい。

手縫いの基礎

この本の作品は、ほとんどミシン縫いでできるように作られていますが、
このページに記載されている基礎だけは、マスターしておきましょう。

糸通しの使い方

糸が針に通らなくて、イライラすることはありませんか？
糸通しを使えば、手早くスムーズにできます。

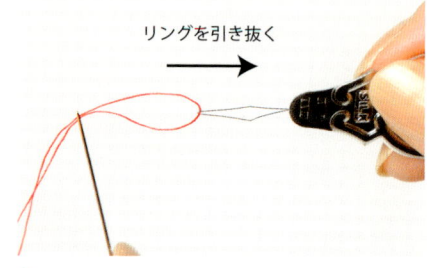

リングを引き抜く

1 糸通しの針金のリングを針穴に差し入れ、リングの中に糸を通す。

2 針をしっかり持ったまま、糸通しのリングを引き抜く。

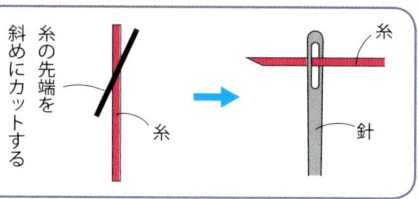

糸通しを使わない場合

糸の先端を斜めにカットすると、針穴に糸を通しやすくなります。

糸の先端を斜めにカットする

糸

糸

針

縫い糸の長さ

縫いやすい長さの目安を紹介します。

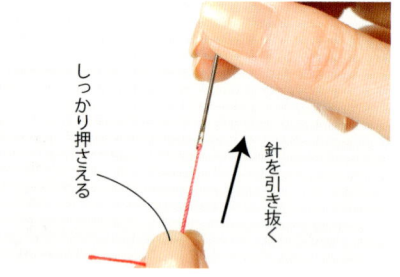

15

針を持ち、ひじ下15cm程度の長さにカットする。糸が長すぎると、縫っている途中で、からまる原因になるので注意。

玉結び＆玉どめ

針を使うと、動作もスマートで、失敗も少ないです。コツをつかめば、初心者もかんたんにできます。

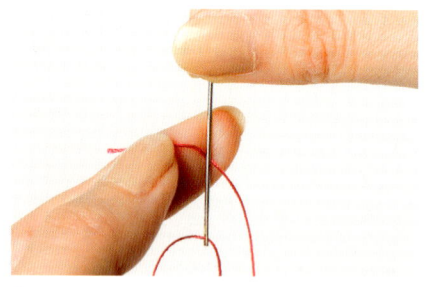

1 写真のように糸端の上に針を置く。

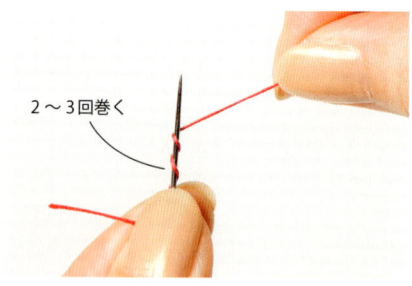

2～3回巻く

2 針先に長い方の糸を2～3回しっかり巻きつける。

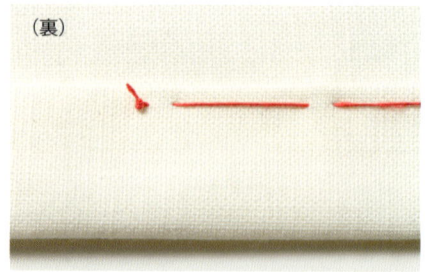

しっかり押さえる

針を引き抜く

3 巻きつけた糸を指でしっかり押さえながら針を引き抜く。

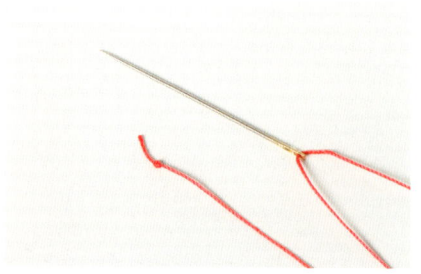

4 玉結びの完成。糸端が長かったら、少しカットしてから縫うとよい。

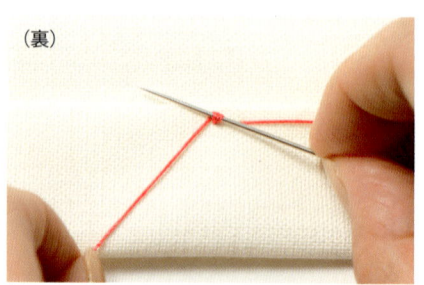

（裏）

5 玉どめは、縫い終わりの位置まで縫ったら、針を置き、糸を2～3回しっかりと巻く。

（裏）

6 玉結びと同様に、巻いた糸を指でしっかり押さえながら、針を引き抜いて玉どめを作る。余分な糸はカットする。

玉結び＆玉どめを隠す方法

ソーイングでは、玉結びと玉どめは表に出さないのが基本。
縫い代を折った内側に隠しましょう。

（裏）

1 少し手前の裏側（縫い代を折った内側）から針を入れて縫い始める。

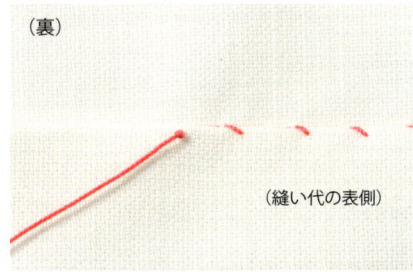
（裏）
（縫い代の表側）

2 縫い止まりの位置に来たら、縫い代の表側で小さめの玉どめを作る。

（裏）

3 玉どめのすぐ横に針を刺し、縫い代の裏側（折った内側）に針を出す。

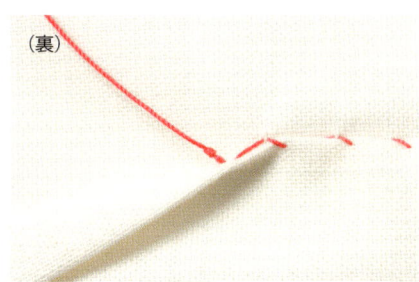
（裏）

4 少し力を入れて糸を引っ張り、玉どめを裏側に引き入れる。

まつり縫い

スカートやパンツの裾上げで、ミシン目を表側に出したくないときに。
糸をゆるめに引きながら縫うのがポイントです。

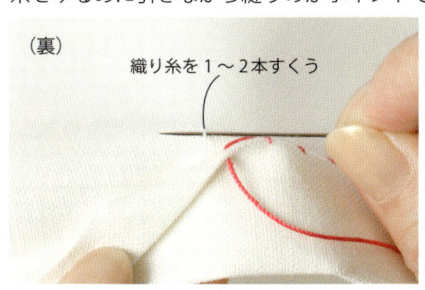
（裏）
織り糸を1〜2本すくう

1 縫い代の折り山から針を出した上の、布の織り糸を1〜2本すくう。

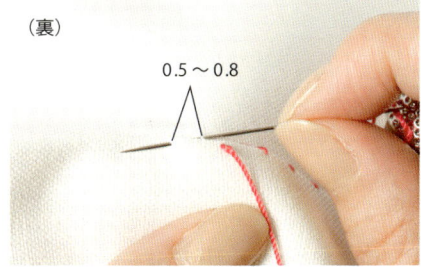
（裏）
0.5〜0.8

2 織り糸をすくったところから、0.5〜0.8cm先の折り山に針を出す。

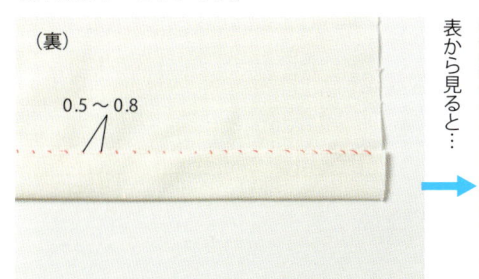
（裏）
0.5〜0.8
表から見ると…

3 1〜2を繰り返し、一定の間隔で縫う。

（表）

織り糸を1〜2本しかすくわなかったので、表からは縫い目がほとんど見えない。

指ぬきの使い方

長い距離を縫うときに指ぬきを使うと、指の負担が軽減されます。初心者にはむずかしいので、練習が必要です。

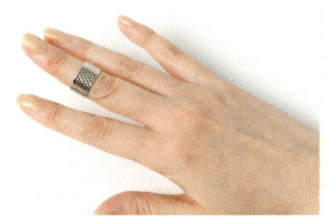

1 針を持つ手の中指の第二関節の少し上にはめる。

2 針は親指と人差し指で持ち、針穴があるほうを指ぬきに当てる。

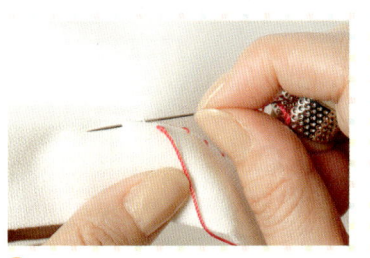

3 指ぬきで針を押し出すようにして縫い進める。

しつけ

まち針でとめるだけでは、布がずれそうなときに。ミシンがけが安心してできます。

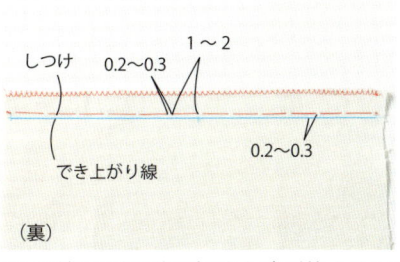
しつけ　0.2〜0.3　1〜2
でき上がり線　0.2〜0.3
（裏）

ミシン縫いをする位置（でき上がり線）より0.2〜0.3cm縫い代側を縫う。薄地や普通地はしつけ糸1本どりで、厚地やしっかり固定したいときは2本どりにするとよい。

LESSON*2　●ソーイングの準備

33

LESSON* 3
パターンソーイング

ここでは、付録の型紙（パターン）を使い、実際に作品を仕立てながら、ソーイングの基礎を学びます。
ソーイングは、頭の中で考え込むより、手を動かしてみるほうが理解が早く、身につきます。
道具と材料をそろえたら、さっそく取りかかってみましょう。

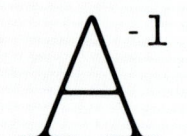

A^{-1}
Pattern Sewing

ワッシャークロスの
タックブラウス

この本イチオシの、初心者のためのブラウス
です。ゆったりしたラウンドネックで、頭か
らすっぽりかぶって着るタイプ。衿つけも、
袖つけもないシンプルなデザインですが、脇
のタックがさりげなく個性を主張します。

【washer cloth】ワッシャークロス
洗浄機（ワッシャー）でしぼやしわを入れて加工
した布のこと。
....
【tuck】タック
「折りたたむ」、「縫いひだをとる」という意味。
体に布を立体的に沿わせるため、またはデザイ
ンとして布をつまんで縫ったひだのことをいう。

A⁻¹
ワッシャークロスのタックブラウス

実物大型紙 ［1面／A⁻¹］
前身頃　後ろ身頃　前見返し　後ろ見返し

難易度LEVEL　★★

でき上がり寸法（ S / M / L / LL ）
バスト……122/127/132/138cm
ウエスト…108/112/116/121cm
着丈………71cm（4サイズ共通）

バスト
ウエスト
着丈

● **材料**
ワッシャー加工のコットン…116cm幅190cm
接着芯…92cm幅20cm
ミシンスパン糸#60

※布と接着芯の用尺は4サイズ共通。
※140cm幅の布を使用する場合は170cmを目安に
　購入してください。
※道具はP.7〜10を参照してください。

ワッシャー加工のコットン

ランダムなしわが味わい深い真っ白な
コットン。写真のように少なめのしわ
加工は縫いやすく、縫い目もあまり目
立たないのでおすすめ。
細かい柄のコットンプリント、ふんわ
りした風合いのあるサッカーなども初
心者にはおすすめ。

● **裁ち合わせ図**

後ろ見返し（1枚）
わ
前見返し（1枚）
わ
わ
前身頃（1枚）
190cm
後ろ身頃（1枚）
116cm幅
＊ は接着芯を貼る

身頃と袖が一体になった
型紙です。
初心者は、P.21の裁断の
仕方を読んでから裁断し
ましょう。

● **作り方順序**

1 縫う準備をする
2 肩を縫う
3 衿ぐりを縫う
4 脇を縫い、袖口を始末する
5 裾を始末する
6 タックを縫う

MINI COLUMN

ちょっとだけ
自分流アレンジ

肩や脇を A⁻²（P.40）のようにドロースト
リングにしてもOK。
丈を調節する場合はP.19を参照。
衿ぐりを違う色や柄物のバイアステープ
で始末して隠れたおしゃれを楽しんでも
（P.73参照）。

1 縫う準備をする

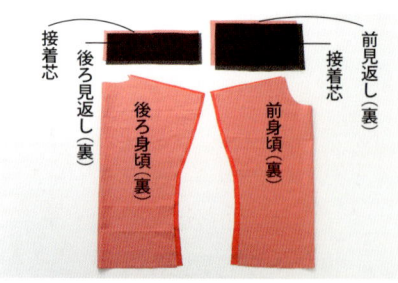

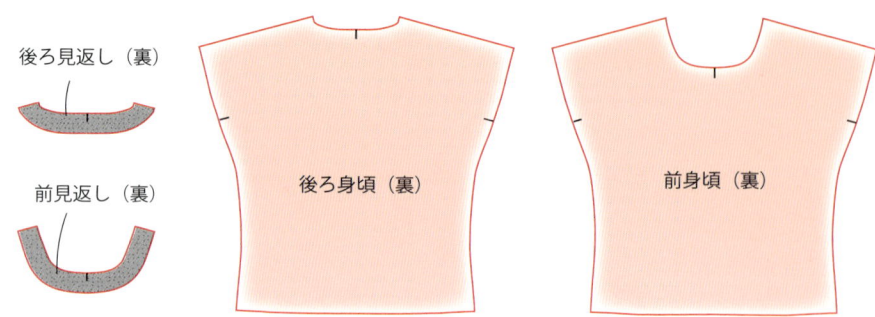

1 前身頃と後ろ身頃を裁断する。前見返しと後ろ見返しは接着芯を貼るので、粗裁ちをする。

➡ **裁断の仕方は P.21 参照**

2 前見返しと後ろ見返しは、接着芯を貼り、衿ぐりの中心にチャコペンで印をつける。身頃は、衿ぐりの中心と袖口止まりに合い印をつける。

➡ **接着芯の貼り方は P.22 参照**

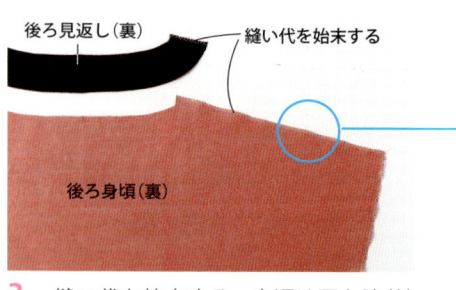

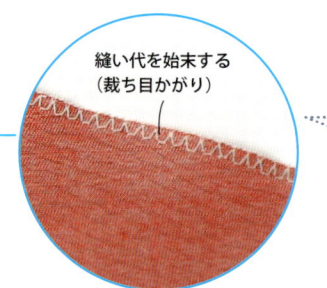

この本では、縫い代の始末は「ジグザグ縫い」ではなく、「裁ち目かがり」を使用しています

裁ち目かがりについては、P.23 と P.27 を参照してください。
※手持ちのミシンに「裁ち目かがり」の機能がない場合は、ジグザグ縫いで縫い代を始末してください。

3 縫い代を始末する。身頃は肩と脇（袖口を含む）、見返しは肩のみ始末する。前身頃と前見返しも同様に始末する。

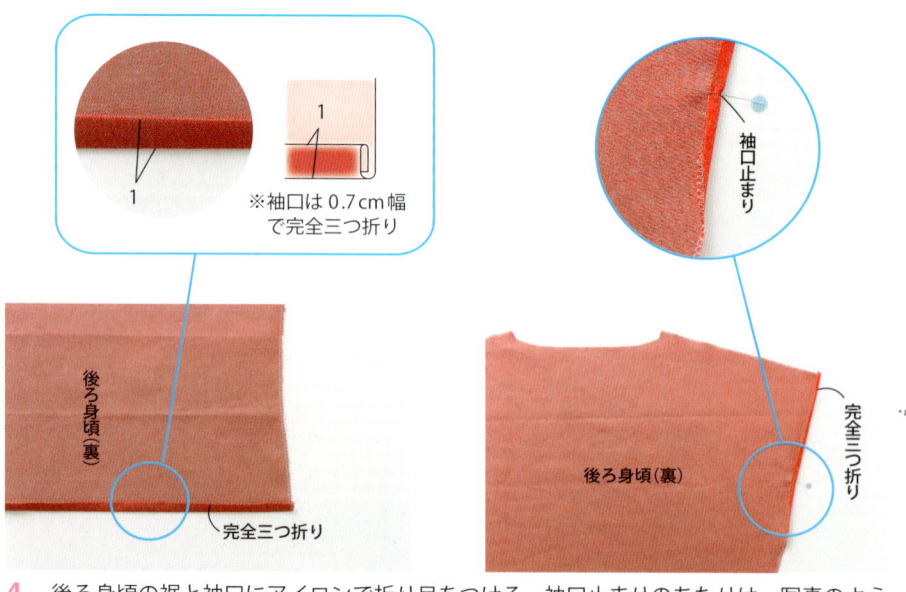

どうして最初に折り目をつけるの？

袖口や裾につける折り目は、前身頃と後ろ身頃を縫い合わせてからでもつけられますが、平らな1枚の状態のほうがアイロンがかけやすく、正確な幅に折れるからです。この本では、できるだけ効率よく作業するために、でき上がりの位置に印をつけず、縫い代の幅を目安に縫います。袖口や裾の折り目も印になるので、なるべく正確に折りましょう。

4 後ろ身頃の裾と袖口にアイロンで折り目をつける。袖口止まりのあたりは、写真のように自然に折り、まち針でとめておくとよい。前身頃も同様に折り目をつける。

➡ **折り目のつけ方は P.31 参照**

※写真では、わかりやすく説明するために、作品と違う布と糸を使用しています。

2 肩を縫う

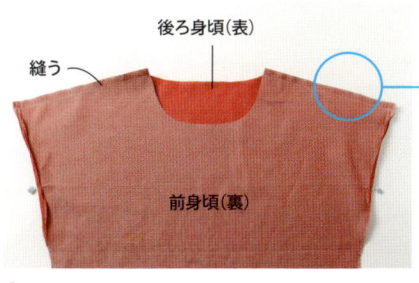

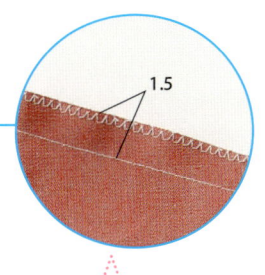

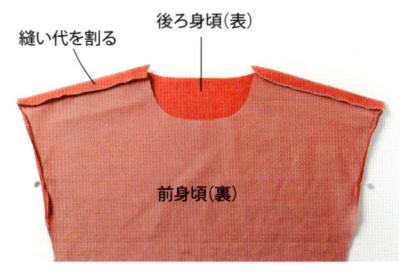

1 前身頃と後ろ身頃を中表に合わせ、肩を縫い合わせる。

ミシン縫いの縫い始めと終わりは、基本的に返し縫いをします。返し縫いについてはP.24を参照してください。

2 肩の縫い代をアイロンで割る。
➡ **縫い代の割り方はP.30参照**

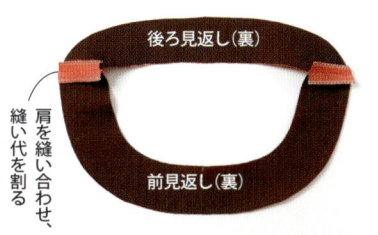

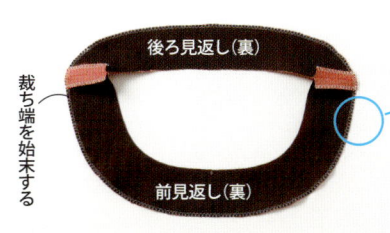

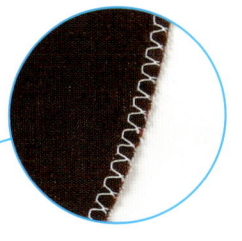

3 身頃の肩と同様に、見返しの肩も縫い合わせ、縫い代を割る。

4 見返しの裁ち端を始末する。

余分な縫い代をカットすると、縫い代がもたつかず、すっきり仕上がります。

3 衿ぐりを縫う

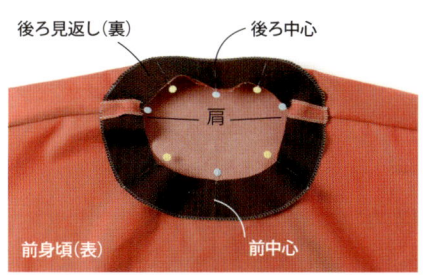

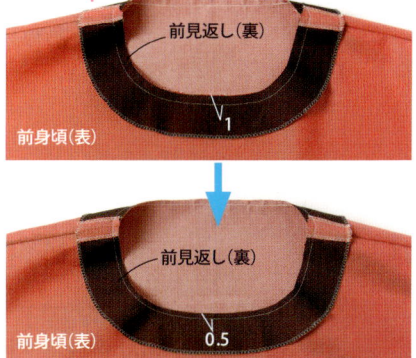

1 見返しと身頃の衿ぐりを中表に合わせ、まち針でとめる。まち針は、肩と前後中心をとめてから、その間をとめるとよい。
➡ **まち針のとめ方はP.24参照**

2 見返しと身頃の衿ぐりを縫い合わせる。このとき、衿ぐりをミシンのアームにはめ込むと、縫いやすい。
➡ **筒状のものの縫い方はP.26参照**

3 衿ぐりの縫い代を0.5cmにカットする。

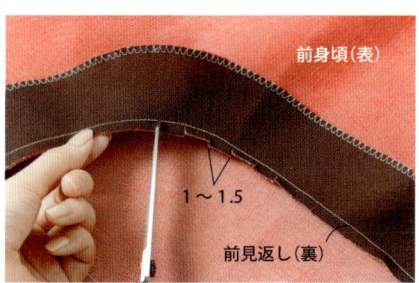

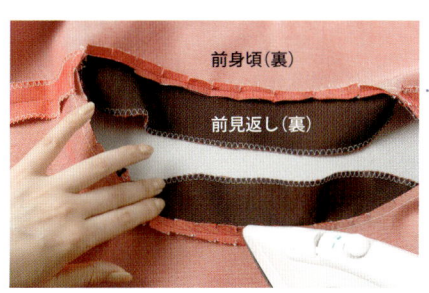

4 衿ぐりの縫い代に1〜1.5cm間隔で切り込みを入れる。

5 アイロンで縫い代を割る。

どうしてカーブの縫い代に切り込みを入れるの？

カーブの縫い代は、切り込みを入れないと、見返しがきれいに表に返せないからです。衿ぐりの場合、ミシン縫いをしたところより布端側のほうが短いため、ひっくり返すと長さが合わず、引きつれてしまいます。
縫い代を割るのは、カーブ縫いだけでなく、直線縫いのときも同様。ミシン縫いをしたところまで、きちんと表に折り返すためです。

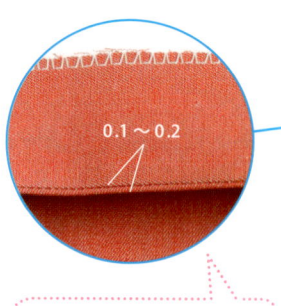

0.1 ～ 0.2

見返しをひかえると、身頃の表側から見たとき、見返しがのぞき見えません。

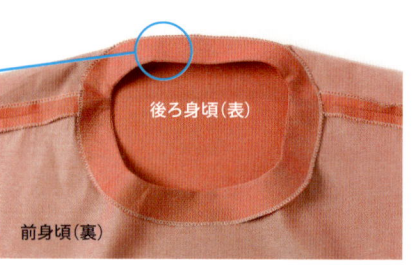

後ろ身頃（表）

前身頃（裏）

6 見返しを表に返し、アイロンで形を整える。このとき、見返しを 0.1 ～ 0.2cm ひかえて折る。

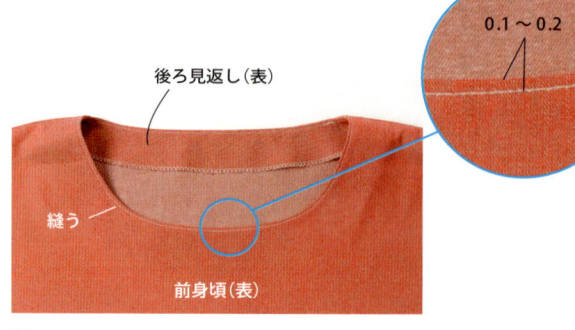

0.1 ～ 0.2

後ろ見返し（表）

縫う

前身頃（表）

7 身頃の表側から衿ぐりにステッチをかける。

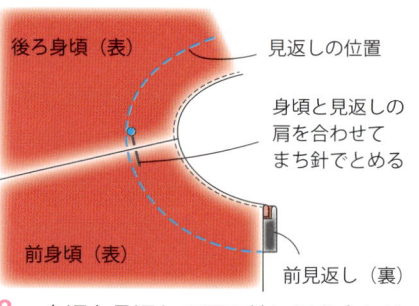

後ろ身頃（表）

見返しの位置

身頃と見返しの肩を合わせてまち針でとめる

前身頃（表）

前見返し（裏）

8 身頃と見返しの肩の縫い目を合わせる。見返しの布端の位置が表からわかるように、表からまち針でとめるとよい。

前身頃（表）　後ろ身頃（表）

9 表から肩の縫い目にミシンをかける。

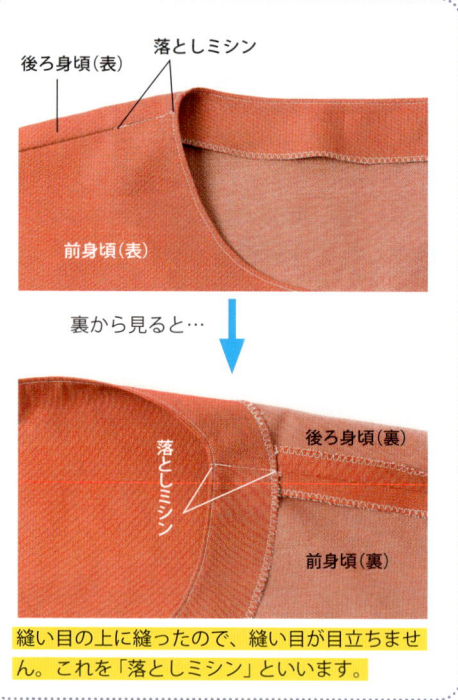

後ろ身頃（表）　落としミシン

前身頃（表）

裏から見ると…

落としミシン

後ろ身頃（裏）

前身頃（裏）

縫い目の上に縫ったので、縫い目が目立ちません。これを「落としミシン」といいます。

4 脇を縫い、袖口を始末する

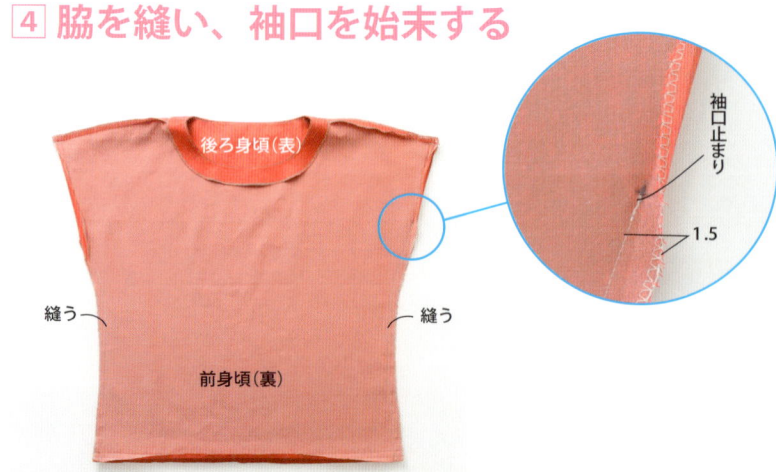

後ろ身頃（表）

縫う　　　縫う

前身頃（裏）

袖口止まり

1.5

1 袖口と裾の折り目をいったん広げ、前身頃と後ろ身頃を中表に合わせて、袖口止まりから裾までを縫う。

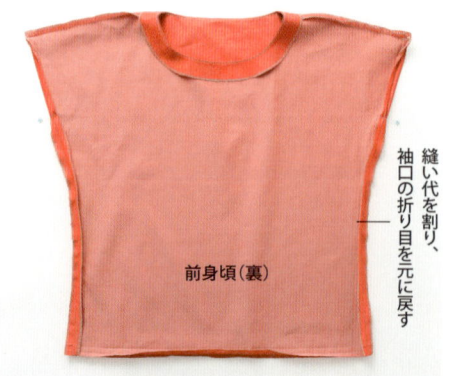

前身頃（裏）

縫い代を割り、袖口の折り目を元に戻す

2 脇の縫い代はアイロンで割り、袖口は 1 -4 でつけた折り目どおりに折る。

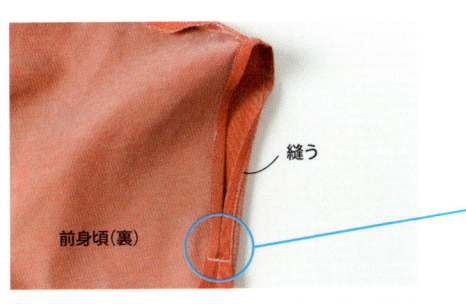

3 袖口をぐるりと縫う。このとき、③-2 のように袖口をミシンのアームに入れて縫うとよい。

前身頃（裏）／縫う

前身頃（裏）　後ろ身頃（裏）　0.1〜0.2
袖口止まりは返し縫い

⑤ 裾を始末する

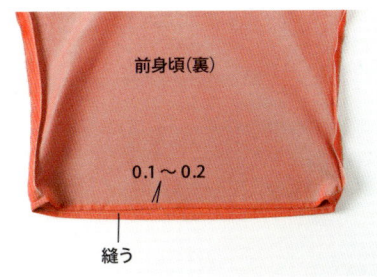

前身頃（裏）　0.1〜0.2　縫う

袖と同様に、①-4 でつけた折り目どおりに折り、裾を縫う。

⑥ タックを縫う

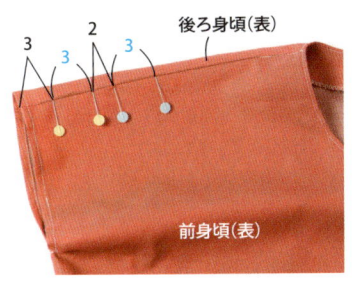

3　3　2　3　後ろ身頃（表）
前身頃（表）

1 写真のように、タックの位置にまち針を打つ（青の数字がタックをたたむ分量）。

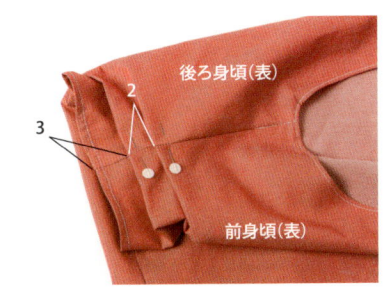

後ろ身頃（表）　3　2　前身頃（表）

2 袖口側を折り山にしてタックをたたむ（1 で同じ色のまち針の位置を合わせる）。

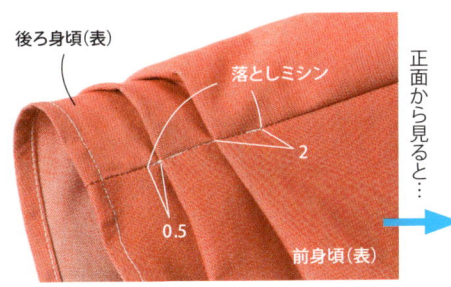

後ろ身頃（表）　落としミシン　2　正面から見ると…　0.5　前身頃（表）

3 肩の縫い目に落としミシンをし、タックを縫いとめる。

前身頃（表）

ふんわりしたタックが肩から流れている。

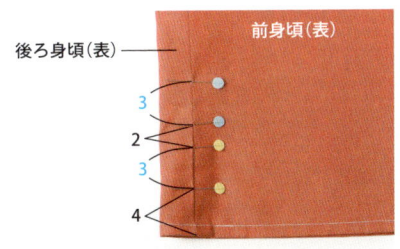

後ろ身頃（表）　前身頃（表）　3　2　3　4

4 肩と同様に、裾もまち針で印をつける（青の数字がタックをたたむ分量）。

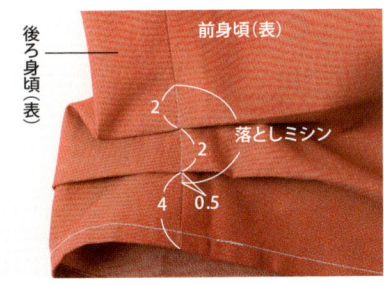

後ろ身頃（表）　前身頃（表）　2　2　落としミシン　4　0.5

5 裾側を折り山にしてタックをたたみ、脇の縫い目に落としミシンで縫いとめる。

MINI COLUMN

タックの位置をかんたんアレンジ！

裾の始末までしたら試着をして、自分でタックの位置を決めてみませんか？ゆったりしたデザインなので、タックをたたむ分量や折る方向も、好みでOK。アンダーバストや背中にタックをとってみても、おもしろいかも。
こういったデザインに決まり事はありません。むずかしく考えず、自分が「ステキ！」と思ったところに、自由にタックをとって楽しみましょう。

片方の脇だけ縫ってアシンメトリーにしても。はじめてさんでも工夫次第で手軽にアレンジできます。

A -2
Pattern Sewing

ドローストリングの
チュニック
ワンピース

A -1 の型紙をアレンジしたワンピース。
脇にあしらったドローストリングで丈
を調節すれば、チュニックとしても着
られます。作品はモノトーンでシック
にまとめましたが、色や柄、素材の組
み合わせ方で、さまざまな表情を見せ
ます。

【drawstring】ドローストリング
「引きひも」のこと。縫い代などを利用してひも
通しを作り、ひもを引き締めることで、衣服の
丈や幅を調節する機能性と装飾を兼ねている。
ふんわりとしたボリューム感を演出できる。

A-2
ドローストリングのチュニックワンピース

実物大型紙　[1面／A-2]
前身頃　後ろ身頃　前見返し　後ろ見返し
前後スカート（前スカート・後ろスカート）

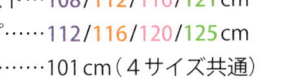

難易度LEVEL　★★★

でき上がり寸法（ S / M / L / LL ）
バスト……122/127/132/138cm
ウエスト…108/112/116/121cm
ヒップ……112/116/120/125cm
着丈………101cm（4サイズ共通）

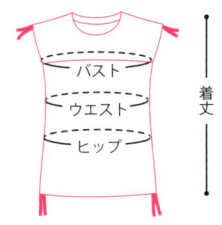

● **材料**
リネンボーダー……110cm幅 180cm
リネンタンブラー…130cm幅 80cm
接着芯…92cm幅 20cm
0.7cm幅のグログランリボン…480cm
ミシンスパン糸＃60

※布と接着芯の用尺は4サイズ共通。
※140cm幅の布を使用する場合も、同じ用尺
　（スカート分180cm、身頃分80cm）を目安に
　購入してください。
※道具はP. 7～10を参照してください。

リネンボーダー（綿・麻混紡）

リネンタンブラー（麻）

麻は通気性がよく、水分の吸湿や発散性に優れているので、夏物によく使われる。この作品は、ドローストリングで布を寄せるため、厚地の布は不向き。普通地のコットンや、秋冬用なら薄手の目の詰まったウール地がおすすめです。

● **裁ち合わせ図**

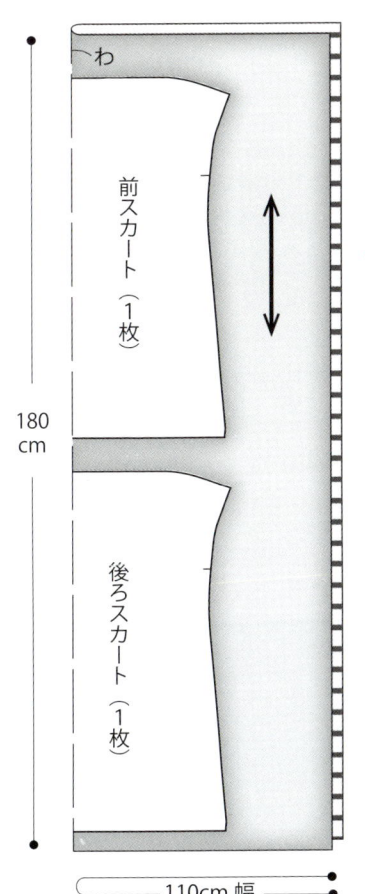

180
cm

わ

前スカート（1枚）

後ろスカート（1枚）

110cm 幅

2種類の布を使用するので、必ず地直し（P.20参照）をしてから裁断しましょう。スカート部分は柄合わせが必要な布ですが、脇がドローストリングなので、柄が多少ずれても目立ちません。柄合わせビギナー向けの作品です。

＊ ░░░ は接着芯を貼る

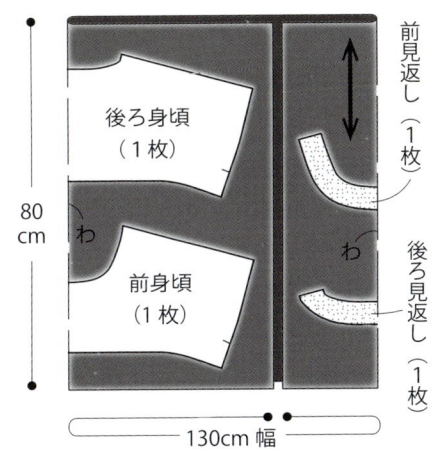

80
cm

わ

後ろ身頃（1枚）

前身頃（1枚）

前見返し（1枚）

後ろ見返し（1枚）

わ

130cm 幅

● **作り方順序**

1 縫う準備をする
2 身頃の脇と袖口を縫う
3 肩を縫う
4 衿ぐりを縫う
5 スカートを縫う
6 身頃とスカートを縫い合わせる

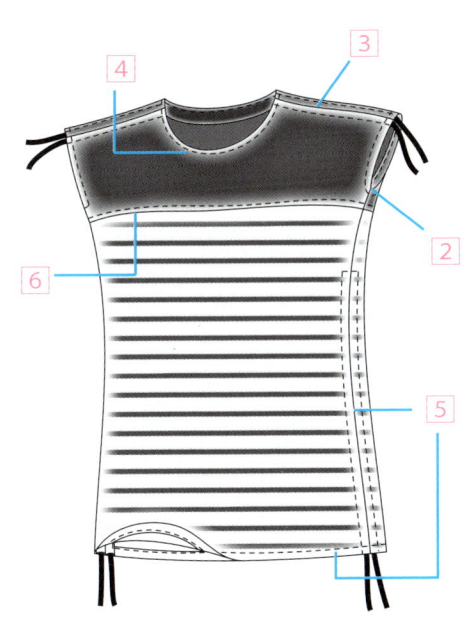

① 縫う準備をする

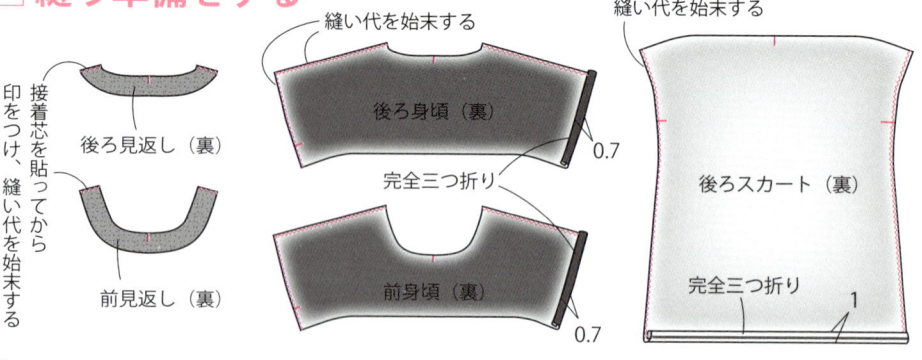

印をつけ、縫い代を始末する
接着芯を貼ってから
後ろ見返し（裏）
前見返し（裏）

縫い代を始末する
後ろ身頃（裏）
完全三つ折り
前身頃（裏）
0.7
0.7

縫い代を始末する
後ろスカート（裏）
完全三つ折り
1

※前スカートも後ろスカートと同様に印をつけ、裾を完全三つ折りする

肩ひも（グログランリボン）
48cm×4本

脇ひも（グログランリボン）
72cm×4本

袖口止まりは返し縫い

1 P.36 ① と同様に、縫う準備をする。裁断したパーツに印をつけ、肩と脇の縫い代を始末し、裾と袖口を三つ折りする。リボンは、脇と肩のひも分をカットしておく。

② 身頃の脇と袖口を縫う

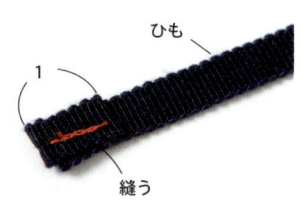

ひも
1
縫う

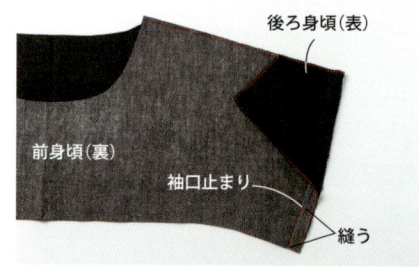

後ろ身頃（表）
前身頃（裏）
袖口止まり
縫う

後ろ身頃（表）
縫う
前身頃（裏）
袖口止まり

2 ひもの片方の先を三つ折りして縫う。脇と肩、合計8本分のひもを縫う。

1 前身頃と後ろ身頃を中表に合わせ、袖口止まりまで脇を縫う。

2 脇の縫い代を割り、袖口を ① -1 の折り目どおりに折って縫う。

③ 肩を縫う

後ろ身頃（裏）
①肩を縫い、縫い代を割る
1.5
前身頃（裏）

後ろ身頃（表）
②ひも通し口を縫う
1.3～1.4
前身頃（表）

後ろ見返し（裏）
①縫う
②裁ち端を始末する
前見返し（裏）

1 P.37 ② と同様に身頃の肩を縫い、縫い代を割る。身頃と縫い代を一緒に縫い、ひも通し口を作る。

2 見返しも P.37 ② と同様に、肩を縫い合わせ、裁ち端を始末する。

④ 衿ぐりを縫う

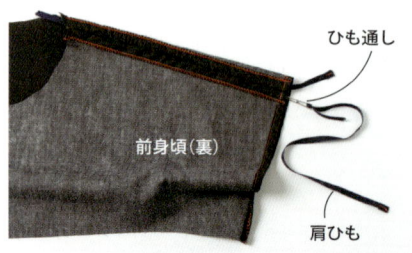

ひも通し
前身頃（裏）
肩ひも

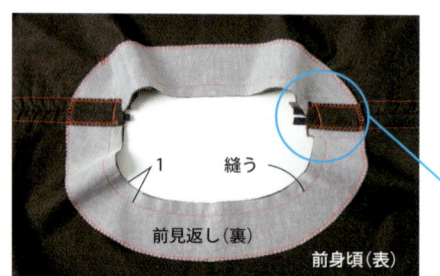

裏から見ると…
1
縫う
前見返し（裏）
前身頃（表）
1
肩ひも
前身頃（裏）

1 肩ひもにひも通しをつけ、ひも通し口（縫い代と身頃の間）に通す。

2 P.37 ③ と同様に、肩ひもをはさんだ状態で見返しを合わせ、衿ぐりを縫う。

※写真では、わかりやすく説明するために、作品と違う布と糸を使用しています。

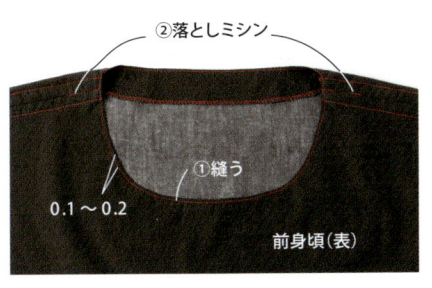

3　P.37 ③-3 ～ 9 と同様に、見返しを表に返し、衿ぐりにステッチをかける。

⑤ スカートを縫う

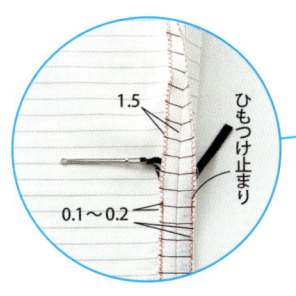

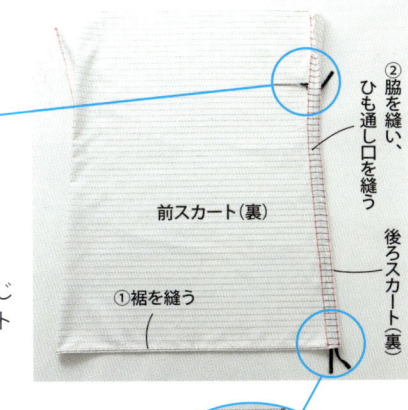

1　三つ折りした裾を縫う。③の肩と同じように脇を縫い、さらに縫い代とスカートを縫ってひも通し口を作り、ひもを通す。

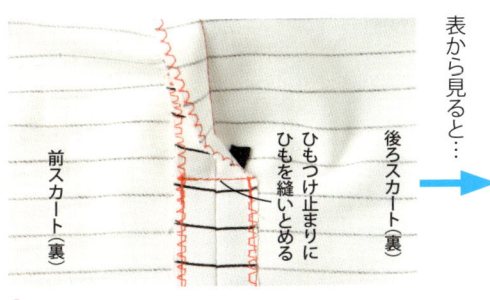

2　ひもつけ止まりに、ひもの先を縫いとめる。

⑥ 身頃とスカートを縫い合わせる

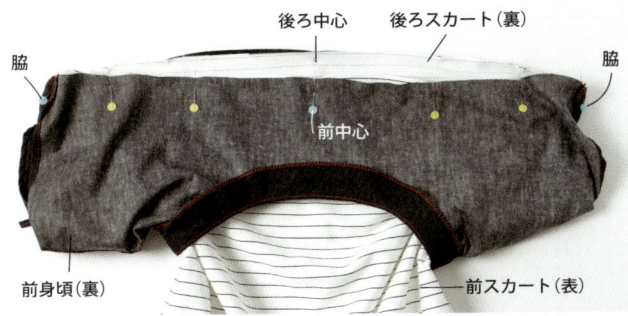

1　中表になるように身頃の中にスカートを入れ、まち針でとめる。まち針は、脇と前後中心をとめてから、その間をとめていく。

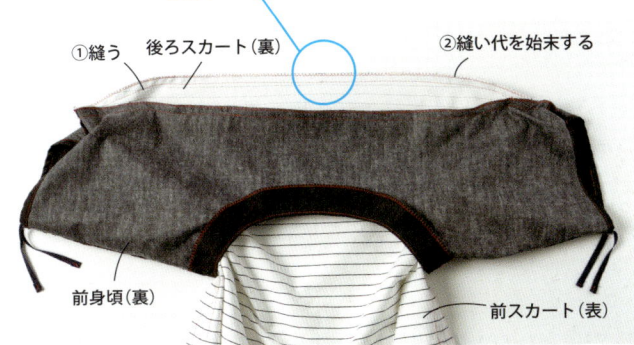

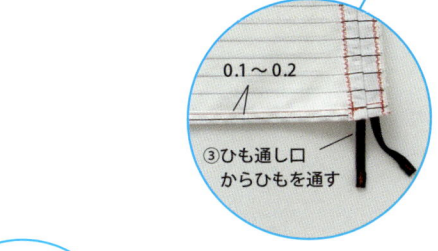

2　身頃とスカートを縫い合わせ、縫い代を始末する。

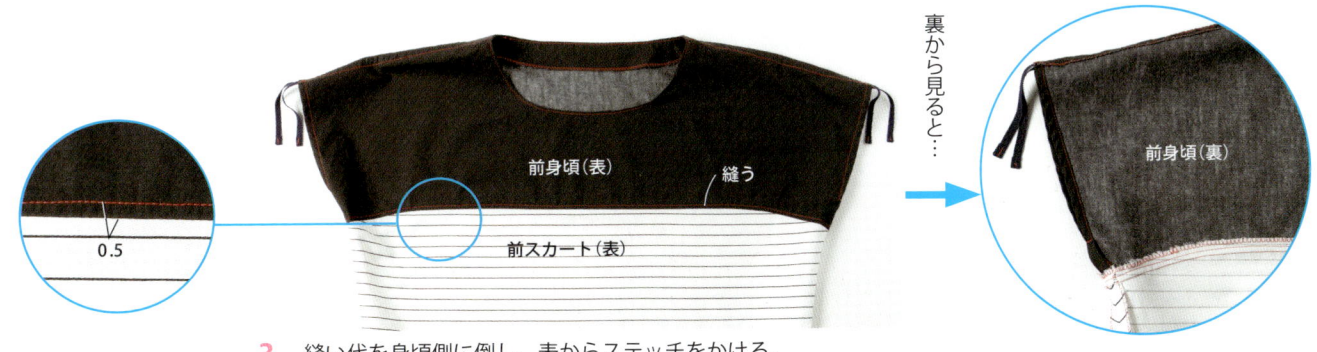

3　縫い代を身頃側に倒し、表からステッチをかける。

LESSON*3 ● パターンソーイング 【チュニックワンピース】

43

B-1
Pattern Sewing

ダンガリーの
クロップトパンツ

ハーフ丈でもラフな印象にならない、大人のカジュアルパンツ。ウエストのギャザーと、腰の小さなパッチポケットが、おなか周りをすっきり見せます。今年流行のウエストを見せる着こなしにも、ばっちりです。

【cropped pants】**クロップトパンツ**

裾をばっさり切り落としたようなデザインのパンツの総称で、丈やシルエットはさまざま。雑誌などでは「クロップド」と表記されているのが見られるが、「クロップト」のほうが英語の発音に近い。

B-1
ダンガリーのクロップトパンツ

実物大型紙 [1面／B-1]
前パンツ　後ろパンツ　ウエストベルト
ポケット

難易度LEVEL　★★☆

でき上がり寸法（S／M／L／LL）
ウエスト……89/93/97/102cm（ゴムテープなしの寸法）
ピップ………91/95/99/103cm
パンツ丈……57cm（ウエストベルト含む・4サイズ共通）

●材料
バイオ加工のダンガリー…140cm幅 130cm（4サイズ共通）
接着芯…適宜
6cm幅のゴムテープ…71/74/76.5/79cm（P.46 1 参照）
ミシンスパン糸＃60

※110cm幅の布を使用する場合も、同じ用尺（130cm）を
　目安に購入してください。
※道具はP.7～10を参照してください。

バイオ加工のダンガリー（綿麻混紡）

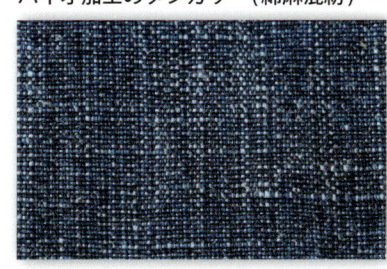

一見「薄手のデニム」といった雰囲気の
ダンガリーを使用。この作品には、普
通地のリネンやコットン、ウール地な
どもおすすめ。あまり厚地の布やかた
い布は、ウエストベルトのギャザーが
寄せにくいので注意。

●裁ち合わせ図

一般的に、パンツの型紙は股ぐ
りが深い方が後ろパンツです。
覚えておきましょう！

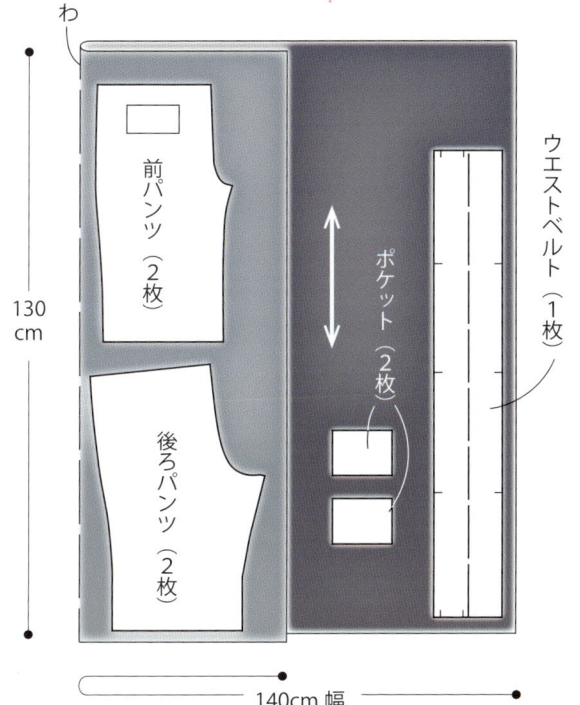

わ

130
cm

前パンツ（2枚）

後ろパンツ（2枚）

ポケット（2枚）

ウエストベルト（1枚）

140cm幅

●作り方順序

1 縫う準備をする
2 ポケットを作り、つける
3 脇を縫う
4 股ぐりを縫う
5 股下を縫う
6 ウエストベルトを作り、
　 つける
7 裾を始末する

MINI COLUMN

ちょっとだけ
自分流アレンジ

B-2（P.50）のポケットやウエストベルト
にチェンジしてもOK。
パンツ丈を調節する場合は、P.19を参照。
ウエストベルトやポケットを別布にする
だけでも、個性的なパンツになります。

① 縫う準備をする

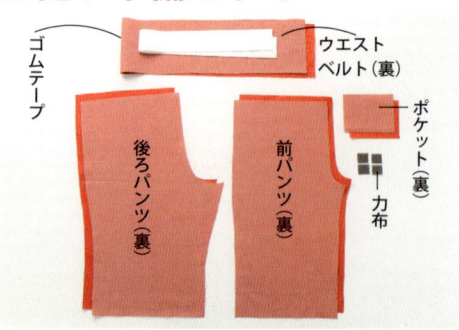

力布の大きさ

2

2

ゴムテープの長さの目安…71/74/76.5/79cm
（ S / M / L / LL ）

※P.15参照。この作品はローウエストなので、ゴムテープを体に巻いてみるときは、ウエストラインから5cmほど下を巻くとよい。

作品は少し厚みがある布を使用したので、厚地用の裁ち目かがりを使用しています（P.23参照）。

※手持ちのミシンに「裁ち目かがり」の機能がない場合は、ジグザグ縫いで代用してください。

1 前パンツ、後ろパンツ、ウエストベルト、ポケット、ゴムテープ、ポケットの力布（接着芯）を裁断する。ウエストベルトはチャコペンで印をつける。
➡ **裁断の仕方はP.21参照**

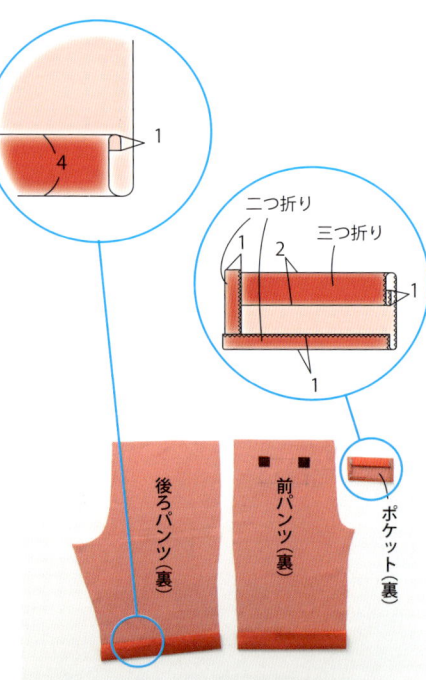

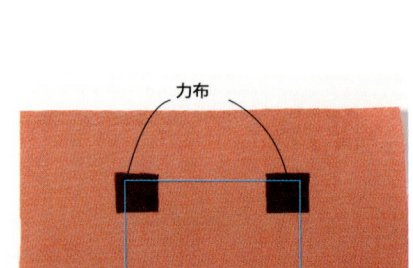

2 ポケットに印をつけ、力布を貼る。
➡ **ポケットつけ位置の印つけはP.22参照**

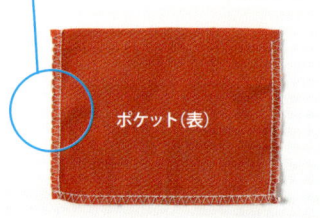

3 ポケットの縫い代を始末する。

4 裾とポケットに折り目をつける。
➡ **折り目のつけ方はP.31参照**

② ポケットを作り、つける

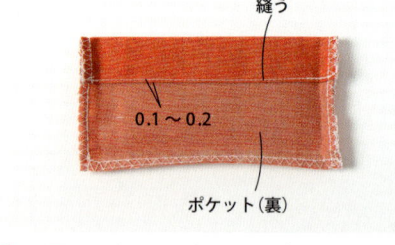

1 ①-4の折り目どおりにポケット口を折って縫う。

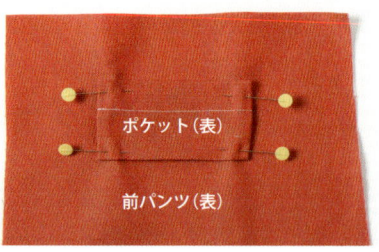

2 前パンツのポケットつけ位置にポケットをまち針でとめる。

ポケット口付近は厚みがあるので、縫い始めと縫い終わりは、手でプーリーを回して縫うとよいでしょう。

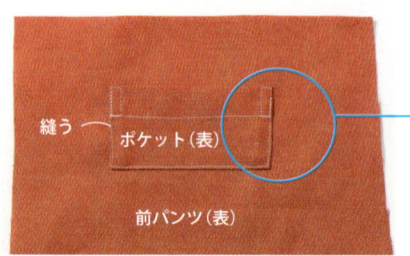

3 ポケットをつける。縫い始めと縫い終わりは返し縫いをする。

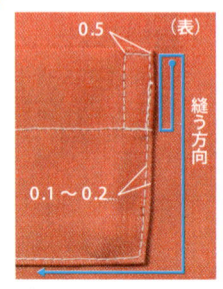
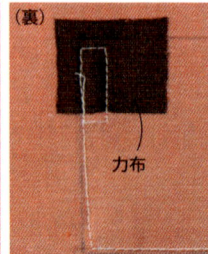

ポケットの角の拡大。裏面でミシン目が力布の上にかかっていればOK。

※写真では、わかりやすく説明するために、作品と違う布と糸を使用しています。

3 脇を縫う

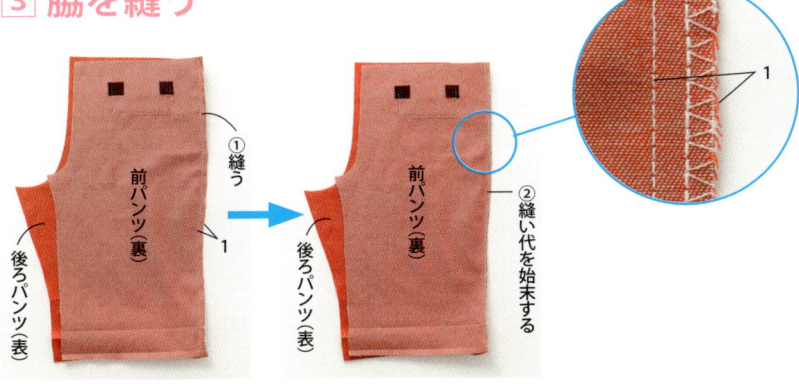

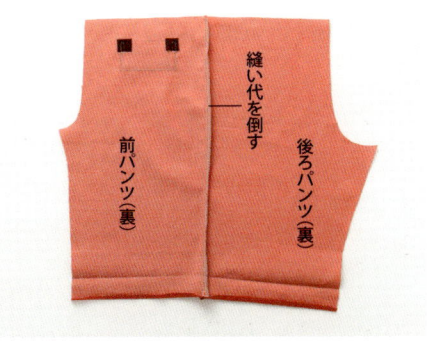

1 前パンツと後ろパンツを中表に合わせ、脇を縫う。縫い代は、2枚一緒に裁ち目かがりをかけて始末する。

2 縫い代をアイロンで後ろパンツ側に倒す。
➡ **縫い代の倒し方はP.30参照**

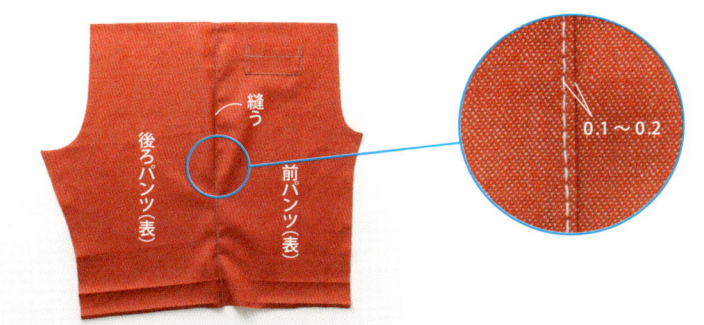

0.1〜0.2

3 表からステッチをかける。

4 股ぐりを縫う

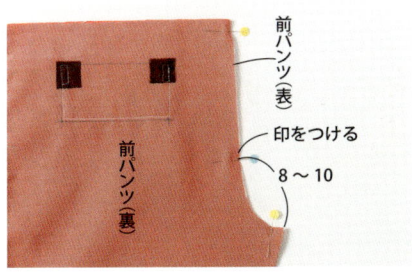

前パンツ（表）
印をつける
8〜10

1 左右の前パンツを中表に合わせ、股ぐりをまち針でとめ、8〜10cmの位置に印をつける。

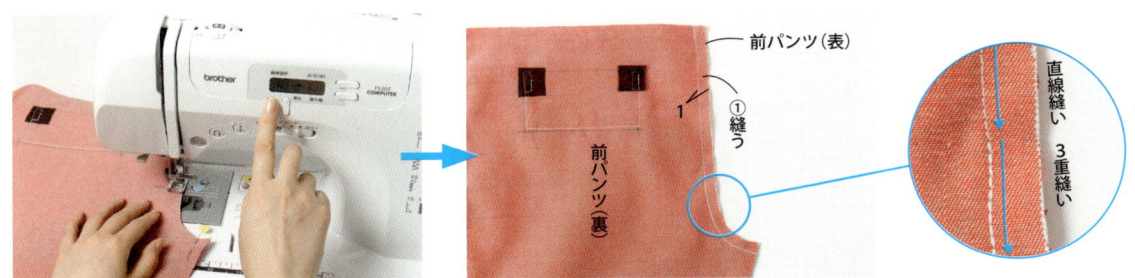

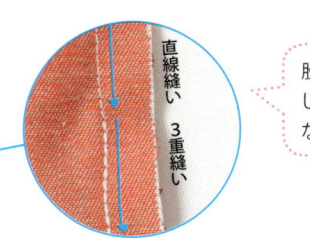

直線縫い
3重縫い

股ぐりに3重縫いをしておくと、丈夫になります。

2 股上を縫う。印までは直線縫いで、印からは3重縫い（P.23参照）に切り替え、続けて縫う。3重縫いの機能がない場合は、直線縫いで同じところを2度縫う。

股下を縫う際、縫い代が重ならないように、互い違いに倒しました。普通地程度なら同じ方向に倒して重ねてもOK。

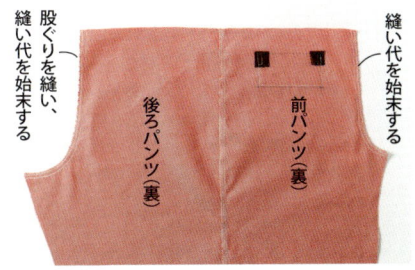

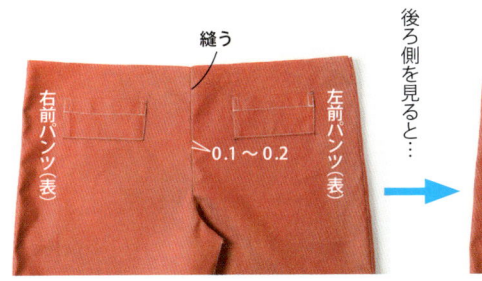

3 後ろパンツも同様に股ぐりを縫う。縫い代は、脇と同様に2枚一緒に始末する。

4 前パンツは左パンツ側、後ろパンツは右パンツ側に縫い代をアイロンで倒す。脇と同様に、縫い代を倒した側に表からステッチをかける。

5 股下を縫う

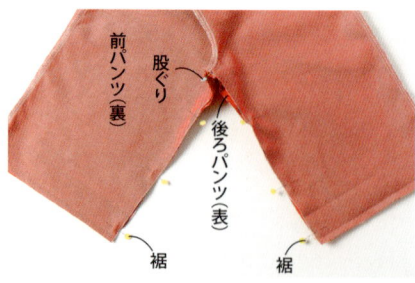

前パンツ（裏）
股ぐり
後ろパンツ（表）
裾　裾

1 前パンツと後ろパンツを中表に合わせ、股下をまち針でとめる。まち針は裾と股ぐりを合わせてから、その間をとめる。

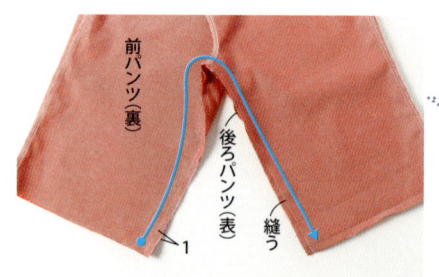

前パンツ（裏）
後ろパンツ（表）
縫う
1

2 裾から股ぐりまで、股下を続けて縫う。

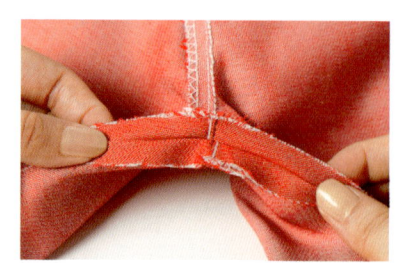

4-4で股ぐりの縫い代を互い違いに倒したので、股下の縫い代が重なりません。

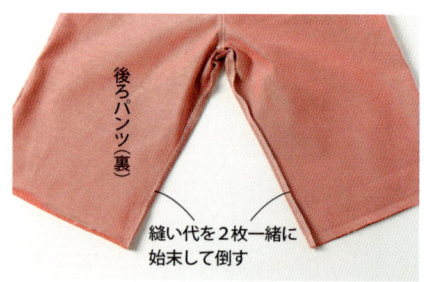

後ろパンツ（裏）
縫い代を2枚一緒に始末して倒す

3 縫い代を2枚一緒に始末し、アイロンで後ろパンツ側に倒す。

6 ウエストベルトを作り、つける

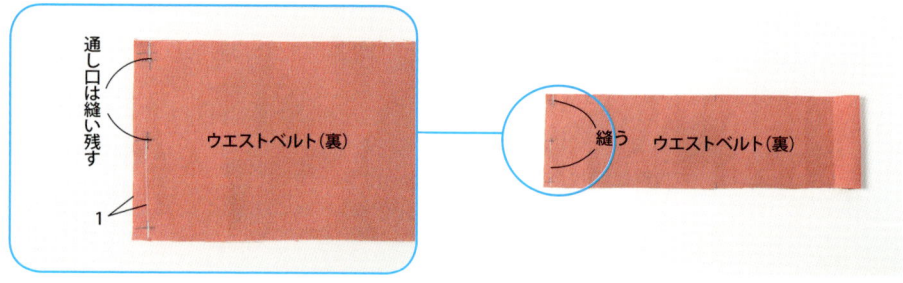

通し口は縫い残す
ウエストベルト（裏）
1
縫う　ウエストベルト（裏）

1 ウエストベルトの脇を中表に合わせて縫う。通し口は縫い残す。

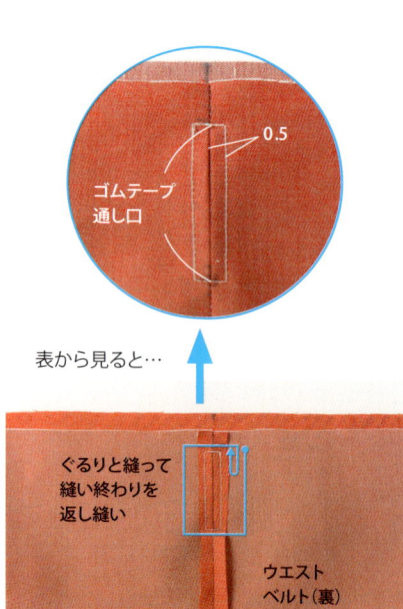

0.5
ゴムテープ通し口

表から見ると…

ぐるりと縫って縫い終わりを返し縫い
ウエストベルト（裏）

2 脇の縫い代を割り、ゴムテープ通し口のまわりにステッチをかける。

ぐし縫いのかわりに、粗ミシン（P.68 2 参照）でもOKですが、少しかための布で2枚重ねの状態のときは、ぐし縫いのほうが粗ミシンよりきれいにギャザーを寄せられます。

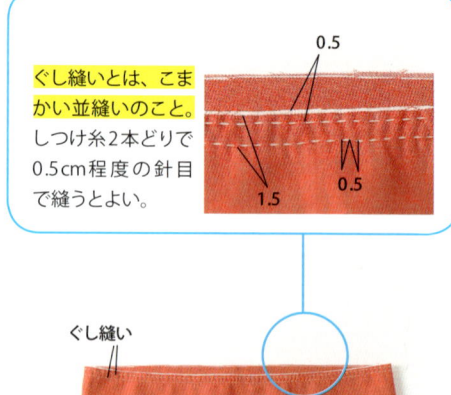

ぐし縫いとは、こまかい並縫いのこと。しつけ糸2本どりで0.5cm程度の針目で縫うとよい。

0.5　0.5
1.5　0.5

ぐし縫い
ウエストベルト（表）

3 ウエストベルトを外表に二つ折りし、前側のベルトの縫い代に、ぐし縫いを2本する。

ぐし縫いの糸を引き、ウエストベルトをパンツのウエストの長さにまで縮めます。ギャザーを均等に寄せながら、まち針でとめます。

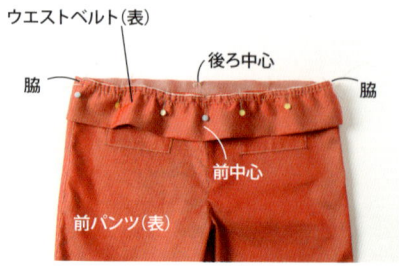

ウエストベルト（表）
後ろ中心
脇　脇
前中心
前パンツ（表）

4 パンツとウエストベルトのウエストを合わせる。まち針は、脇と前後中心の合い印をとめてから、その間をとめるとよい。

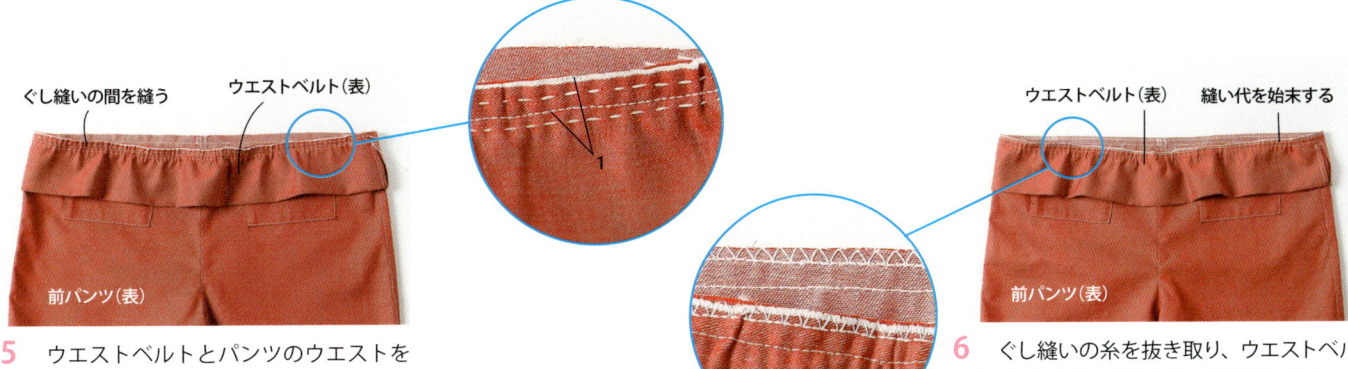

ぐし縫いの間を縫う　　ウエストベルト（表）

1

5 ウエストベルトとパンツのウエストを縫い合わせる。

ウエストベルト（表）　縫い代を始末する

6 ぐし縫いの糸を抜き取り、ウエストベルトとパンツの縫い代を3枚一緒に始末する。

この作品のゴムテープは太いので、ひも通しより安全ピンがおすすめ！

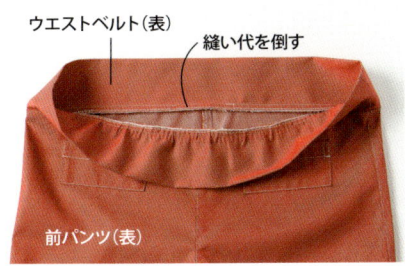

ウエストベルト（表）　縫い代を倒す

前パンツ（表）

7 縫い代をパンツ側にアイロンで倒す。

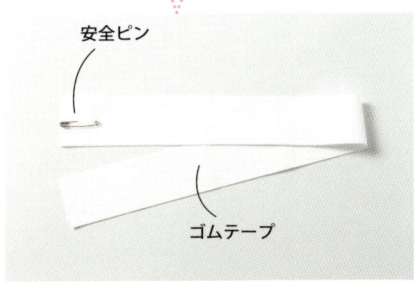

安全ピン

ゴムテープ

8 ゴムテープに安全ピンをつける。

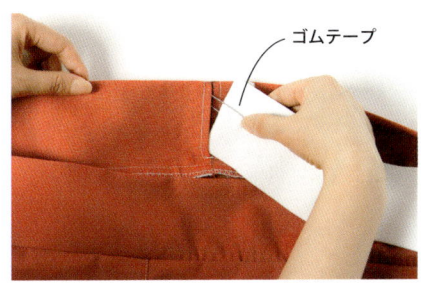

ゴムテープ

9 ゴムテープの端を折り、ウエストベルトのゴムテープ通し口からゴムテープを入れる。

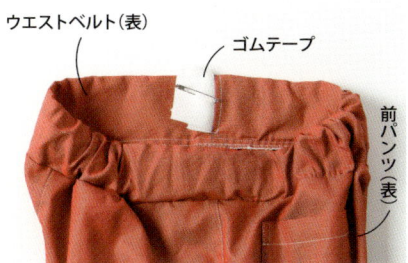

ウエストベルト（表）　ゴムテープ

前パンツ（表）

10 ゴムテープをウエストベルトの中で一周させ、端を合わせる。

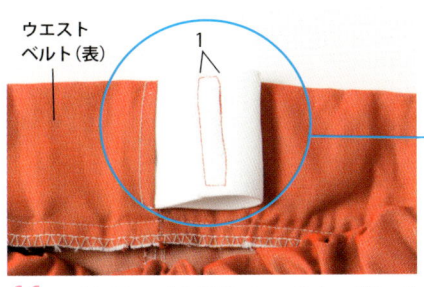

ウエストベルト（表）　1

ぐるりと縫って縫い終わりを返し縫い

11 ゴムテープの端を1cm重ね、縫い合わせる。

前パンツ（表）

12 ゴムテープの端をウエストベルトの中に入れ、ゴムテープを引っぱり、ギャザーを均等にする。

⑦ 裾を始末する

前パンツ（裏）

0.1〜0.2

縫う

表から見ると…

前パンツ（表）

①-4の折り目どおりに裾を折り、ミシンのアームの中に入れて縫う（P.26参照）。

B⁻²

Pattern Sewing

タータンチェックの
ニッカーボッカーズ

細すぎず、太すぎずのスタンダードなシルエットのパンツ。B⁻¹の型紙をアレンジして七分丈にしてみました。タータンチェックがボーイッシュな印象ですが、裾カフスやポケット口のギャザーがフェミニンな雰囲気を醸し出します。

【knickerbockers】ニッカーボッカーズ

ひざ丈くらいの裾をしぼったパンツのこと。ニッカーボッカーズは、ゴルフなどのスポーツウェアとして広まったが、米国のオランダ系の移民が着用していたパンツが起源。現在も英語の「Knickerbocker」は「オランダ移民の子孫」という意味も含まれる。

B-2
タータンチェックのニッカーボッカーズ

実物大型紙 ［1面／B-2］

前パンツ　後ろパンツ　ウエストベルト
ポケット　裾カフス

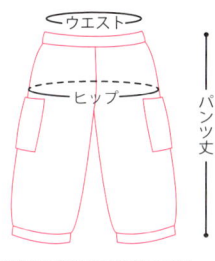

難易度LEVEL　⭐⭐🌠

でき上がり寸法（S／M／L／LL）
ウエスト…89／93／97／102cm
ヒップ……91／95／99／103cm
パンツ丈…70.5cm（ウエストベルト含む・4サイズ共通）

●材料

リネン…110cm幅 180cm（4サイズ共通）
接着芯…適宜
3.5cm幅のゴムテープ…159／166／172.5／179cm（P.52 [1] 参照）
1.5cm幅のゴムテープ…38cm（4サイズ共通）
ミシンスパン糸＃60

※柄合わせが不要な140cm幅の布を使用する場合は、150cmを
　目安に購入してください。
※道具はP.7〜10を参照してください。

タータンチェックのリネン

普通地のリネンを使用。この作品には、普通地のコットン、薄手のデニム、ウール地などもおすすめ。あまり厚地の布やかたい布は、B-1と同様にギャザーがきれいに見えないので注意。
作品のように柄合わせが必要な布の場合は、多めに購入するとよい。

●裁ち合わせ図

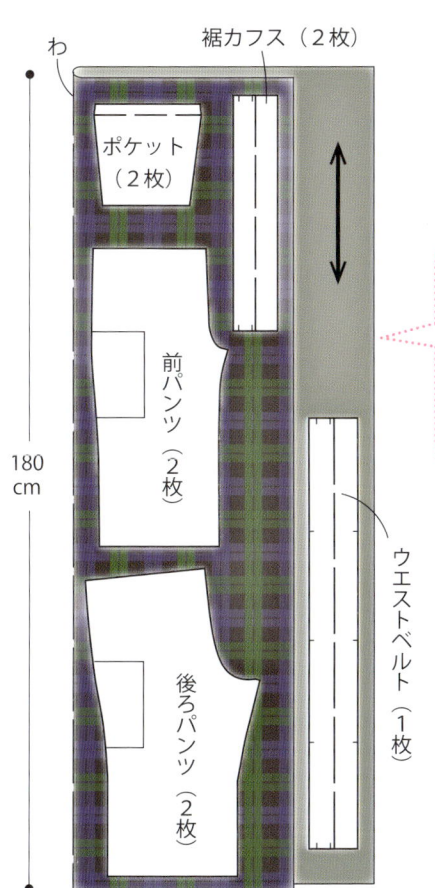

わ

裾カフス（2枚）

ポケット（2枚）

前パンツ（2枚）

後ろパンツ（2枚）

ウエストベルト（1枚）

180cm

110cm幅

柄合わせをする場合は、布を多めに購入してください。柄は裾から合わせ、柄が見えにくいときは、布を外表に折って型紙を置いてみるとよいでしょう。

●作り方順序

[1] 縫う準備をする
[2] 脇を縫う
[3] ポケットを作り、つける
[4] 股ぐりを縫う
[5] 股下を縫う
[6] ウエストベルトを作り、つける
[7] 裾カフスを作り、つける

MINI COLUMN

スコットランドが誇る伝統
タータンチェック

本来、タータン（tartan）とは格子柄の綾織りの毛織物のこと。文字がない時代からあったとされ、農民や兵士は1色、将校は2色、族長は3色、貴族は4〜5色……と、昔は地位や身分で色数が決められていました。
そうした制限がなくなった現在は、スコットランド政府の登録局でタータンの種類を管理しています。タータンにはそれぞれ名前があり、ちなみに作品で使用した布の柄は、軍隊から派生したタータンで、「ブラック・ウォッチ（black watch）」といいます。

日本の有名デパートのタータンも、正式なタータンとして登録されています。

1 縫う準備をする

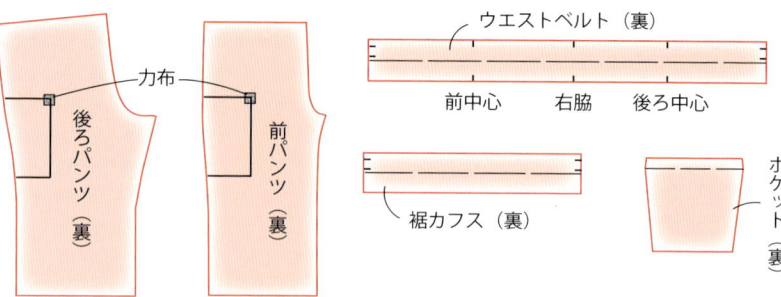

- 後ろパンツ（裏）
- 力布
- 前パンツ（裏）
- ウエストベルト（裏）
- 前中心　右脇　後ろ中心
- 裾カフス（裏）
- ポケット（裏）

力布の大きさ

2
2

ゴムテープの本数と長さの目安　　　　　　　　（cm）

	S	M	L	LL
ウエスト　（3.5cm 幅 1本）	71	74	76.5	79
裾カフス　（3.5cm 幅 2本）	44	46	48	50
ポケット口（1.5cm 幅 2本）	19（4 サイズ共通）			

※ウエストのゴムテープについてはP.15参照。この作品はローウエストなので、ゴムテープを体に巻いてみるときは、ウエストラインから5cmほど下を巻くとよい。
※裾カフスとポケット口のゴムテープは1本分の長さ。

1　P.46 1-1、2と同様に裁断し、チャコペンで印をつけ、ポケットつけ位置に力布（接着芯）を貼る。ゴムテープは右表を参考にカットしておく。

- ウエストベルト（表）
- 二つ折りする
- 裾カフス（表）
- 2.5
- 1
- ポケット（裏）
- 1
- 1

2　ウエストベルトとカフスはアイロンで外表に二つ折りにする。ポケットは縫い代を始末してから、アイロンで折り目をつける。

2 脇を縫う

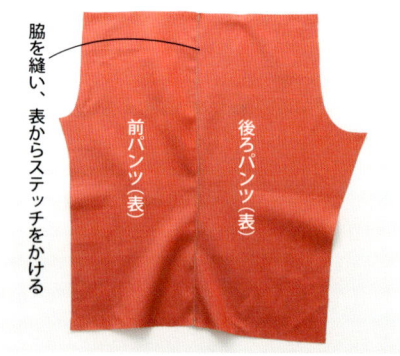

- 脇を縫い、表からステッチをかける
- 前パンツ（表）
- 後ろパンツ（表）

P.47 3 と同様に脇を縫い、表からステッチをかける。

3 ポケットを作り、つける

- 2.3〜2.4
- 縫う
- ポケット（表）

1　ポケット口を 1-2 の折り目どおりに折って縫う。

- ゴムテープ
- ポケット（裏）

ひも通しは安全ピンでもOK！

2　ゴムテープにひも通しをつけ、ポケット口の縫い代の中に入れる。

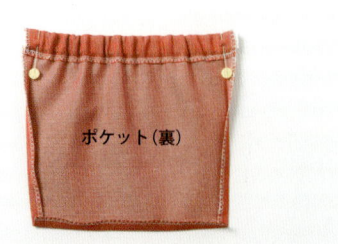

- ポケット（裏）

3　ゴムテープの端をまち針でとめる。

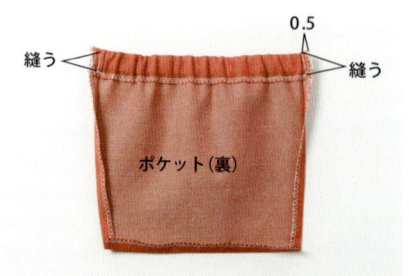

- 縫う
- 0.5
- 縫う
- ポケット（裏）

4　ゴムテープをポケットの縫い代に縫いつける。

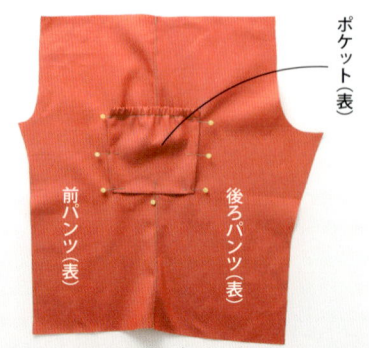

- ポケット（表）
- 前パンツ（表）
- 後ろパンツ（表）

5　ポケットをパンツのポケットつけ位置にまち針でとめる。

※写真では、わかりやすく説明するために、作品と違う布と糸を使用しています。

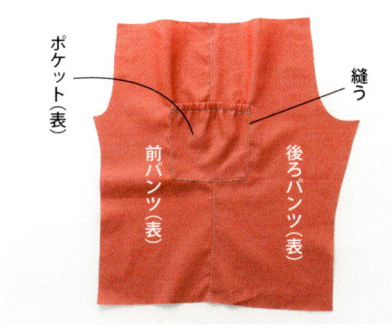

ポケット（表）

縫う

前パンツ（表）

後ろパンツ（表）

6 ポケットをパンツに縫いつける。

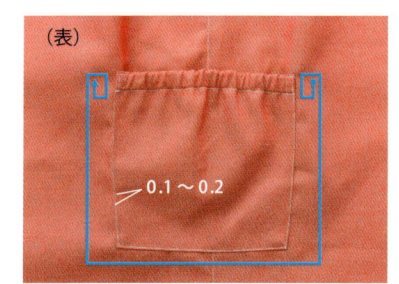

（表）

0.1〜0.2

P.46 **2** と同様に、縫い始めと縫い終わりは返し縫いをする。

（裏）

裏面でミシン目が力布の上にかかっていればOK。

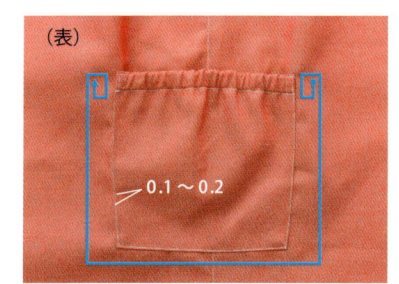 （重複部分はなし）

4・**5** 股ぐり・股下を縫う

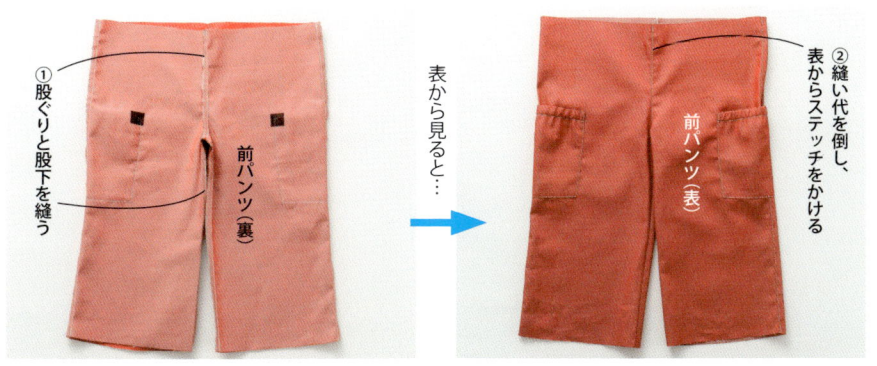

①股ぐりと股下を縫う

前パンツ（裏）

表から見ると…

②縫い代を倒し、表からステッチをかける

前パンツ（表）

P.47 **4**、P.48 **5** と同様に、前パンツ・後ろパンツの股ぐりをそれぞれ縫い、股下を縫い合わせる。

6 ウエストベルトを作り、つける

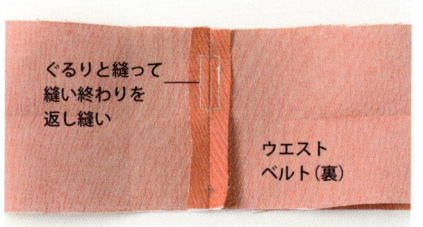

ぐるりと縫って縫い終わりを返し縫い

ウエストベルト（裏）

1 P.48 **6**-1、2と同様に、ベルトの脇を縫い、ゴムテープ通し口を作る。

①ウエストベルトを縫い合わせる

前パンツ（表）

②ゴムテープをウエストベルトに通す

前パンツ（表）

2 P.48 **6**-4〜12と同様に、ウエストベルトとパンツを合わせてウエストを縫い、ゴムテープを通す。

7 裾カフスを作り、つける

前パンツ（表）

股下

①裾カフスとパンツを合わせる

前パンツ（表）

②裾カフスとパンツを縫い合わせ、ゴムテープを通す。

6 のウエストベルトと同様に、裾カフスを作ってつけ、ゴムテープを通す。

MINI COLUMN

裾カフスをかんたんアレンジ！

裾カフスのゴムテープ通し口を表側の脇にして、ひもやリボンを通しても。
もちろん裾カフスをつけずにクロップトパンツにしてもOK！

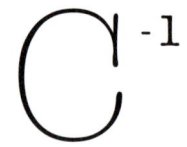

C-1

Pattern Sewing

ジャカード織りの
Aラインスカート

LESSON*3

●パターンソーイング 【Aラインスカート】

時代に左右されない、スカートの中でも、
もっともベーシックなスカート。シンプル
な形だからこそ、柄や質感にこだわって布
を選びました。おすまししたお出かけ着と
してはもちろん、わざと着くずしてカジュ
アルに着こなすのもおすすめです。

【jacquard】ジャカード

J・Mジャカールが発案した紋織り機でつくられ
た織物のこと。模様の複雑さや大きさに関係な
く、刺しゅうのような柄を織ることができる。現
在はコンピューターが導入され、織り柄がある
布のことをジャカードという。

【A-line skirt】Aラインスカート

アルファベットの「A」のように裾広がりのスカー
トのこと。1955年春にクリスチャン・ディオー
ルが発表。以来、世界中の女性に親しまれてい
る定番のスカート。

54

C-1
ジャカード織りのＡラインスカート

実物大型紙 [2面／C-1]
前スカート　後スカート　前見返し　後ろ見返し

難易度LEVEL ★★★★

でき上がり寸法（ **S** / **M** / **L** / **LL** ）
ウエスト……64.5/68.5/72.5/77.5cm
ヒップ………92/96/100/104cm
スカート丈…57.5cm（4サイズ共通）

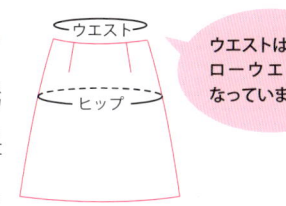
ウエストは少し
ローウエストに
なっています。

●材料
ジャカード織り…100cm幅 180cm
接着芯…92cm幅 20cm
接着テープ…適宜
22cmのコンシールファスナー（P.14参照）
スプリングホック（P.15参照）
ミシンスパン糸＃60
手縫い糸・ボタンつけ糸（P.11とP.60参照）

※布と接着芯の用尺は4サイズ共通。
※柄合わせが不要な布の場合は 100cm幅は 160cm、
　140cm幅は 140cmを目安に購入してください。
※道具はP.7～10を参照してください。

ポリエチレンのジャカード織り

作品はバッグやインテリア用に使える厚みのある布。シンプルな形なので、柄が映える大柄をチョイスしたが、初心者は柄合わせは手間がかかるので避けたほうがよい。少し厚めの麻や中肉ウール、薄手のデニムなど、Ａラインの形をキープできるしっかりした布がおすすめ。

●裁ち合わせ図

大きな柄の布の場合は、多めに購入します。左右広げた型紙を作り、前スカート側に一番いい柄が見えるように型紙を配置しましょう。

柄合わせが不要な無地などの場合は、布を二つ折りにして型紙を配置します。

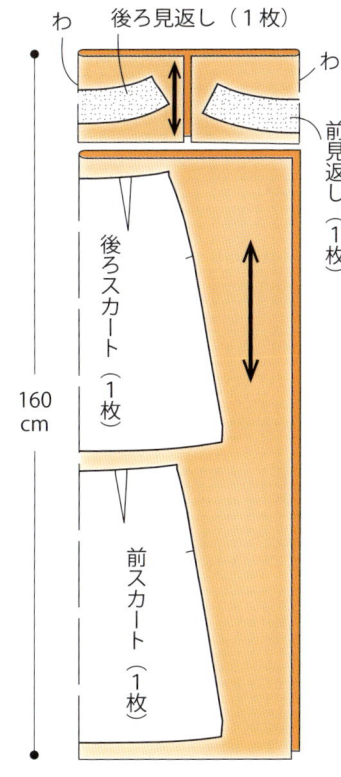

後ろ見返し（1枚）　前見返し（1枚）

後ろスカート（1枚）

前スカート（1枚）

180cm

100cm幅

わ　後ろ見返し（1枚）　わ
前見返し（1枚）

後ろスカート（1枚）

前スカート（1枚）

160cm

100cm幅

＊ [接着芯] は接着芯を貼る

●作り方順序

1 縫う準備をする

2 ダーツを縫う

3 左脇を縫い、コンシールファスナーをつける

4 右脇を縫う

5 ウエストを始末する

6 裾を始末する

7 スプリングホックをつける

スカートに合わせたペチコート（P.100）もあります。丈の調節は、P.19を参照してください。

① 縫う準備をする

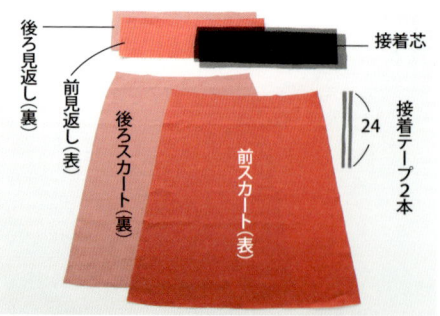
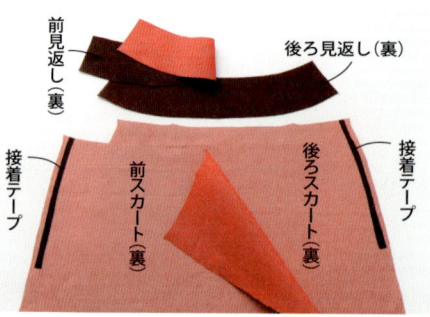

後ろ見返し（裏）
後ろ見返し（裏）
前見返し（裏）
前見返し（裏）
後ろスカート（裏）
前スカート（表）
接着芯
接着テープ2本
24

前見返し（裏）
後ろ見返し（裏）
接着テープ
前スカート（裏）
後ろスカート（裏）
接着テープ

➡ 裁断の仕方はP.21参照
➡ 接着芯の貼り方はP.22参照

1 　前スカートと後ろスカートを裁断する。前見返しと後ろ見返しは接着芯を貼るので粗裁ちし、接着テープもカットする。

2 　前見返しと後ろ見返しに接着芯を貼る。コンシールファスナーつけ位置には接着テープを貼る。

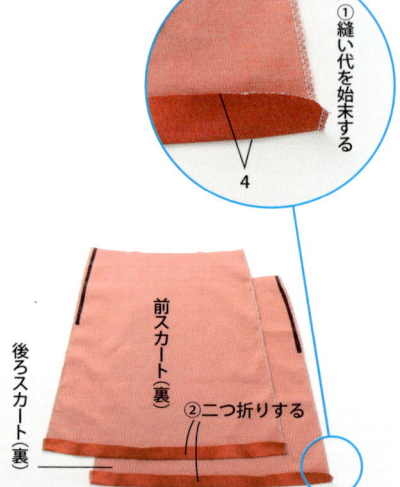

①縫い代を始末する
4
②二つ折りする
前スカート（裏）
後ろスカート（裏）

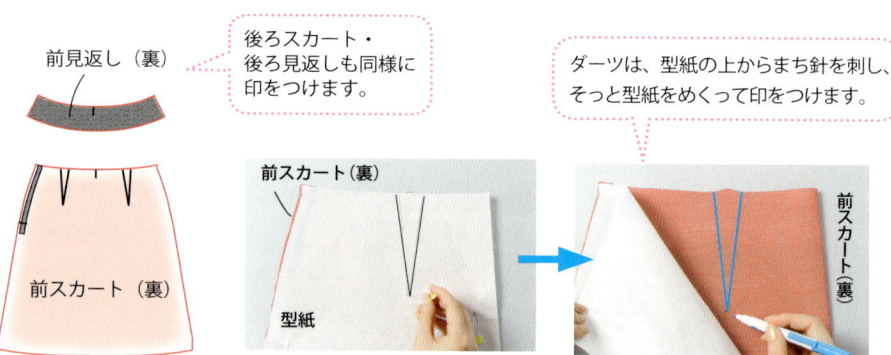

前見返し（裏）

後ろスカート・後ろ見返しも同様に印をつけます。

前スカート（裏）

ダーツは、型紙の上からまち針を刺し、そっと型紙をめくって印をつけます。

型紙
前スカート（裏）

3 　ダーツ、コンシールファスナーのあき止まり、ウエストの中心に印をつける。ダーツの印つけは、ポケットの印つけ（P.22）と同様。

4 　脇の縫い代を始末する。裾はアイロンで二つ折りする。

② ダーツを縫う

前スカート（裏）
ダーツ止まり

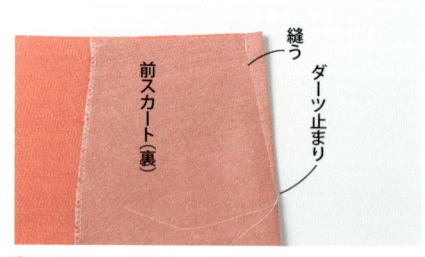

縫う
前スカート（裏）
ダーツ止まり

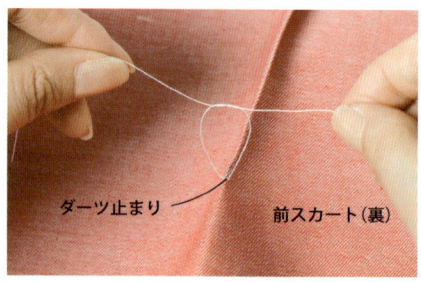

ダーツ止まり　　前スカート（裏）

1 　ダーツを中表に折り、まち針でとめる。

2 　ダーツを縫う。ダーツ止まりは返し縫いをせず、糸を10cm程度残しておく。

3 　ダーツ止まりの糸を2〜3回玉結びする。

ダーツ止まり
前スカート（裏）
ダーツ止まり
前スカート（裏）

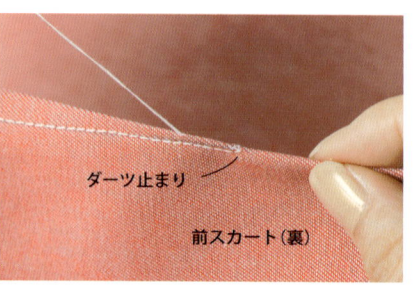

中心側へ倒す
前スカート（裏）

4 　ダーツ止まりの糸に針を通し、ダーツの中に玉結びを引き込み、糸を切る。

5 　アイロンでダーツを中心側に倒す。

※写真では、わかりやすく説明するために、作品と違う布と糸を使用しています。

③ 左脇を縫い、コンシールファスナーをつける

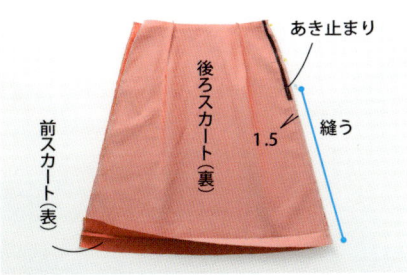

1 前スカートと後ろスカートの左脇を中表に合わせ、あき止まりから裾までを縫う。

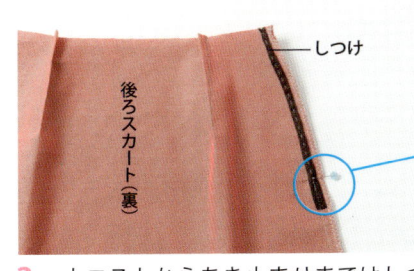

2 ウエストからあき止まりまではしつけ、または粗ミシンをかける。

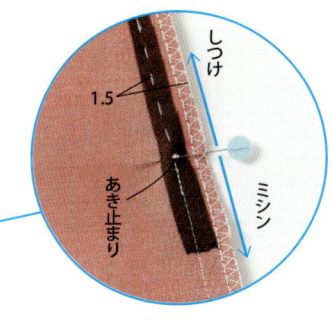

3 左脇の縫い代をアイロンで割る。

コンシールファスナーは、スライダーがある面が表面です。

4 縫い代とスカートの間に厚紙をはさみ、コンシールファスナーをまち針で縫い代のみにとめる。

厚紙をはさんだのは、スカート本体を一緒に縫わないようにするためです。

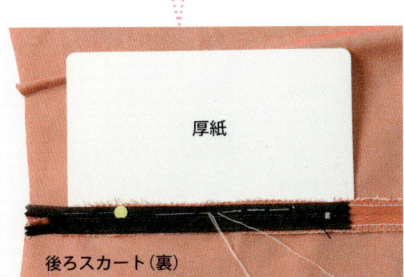

5 厚紙をはさんだまま、しつけでコンシールファスナーを縫い代に縫いとめる。

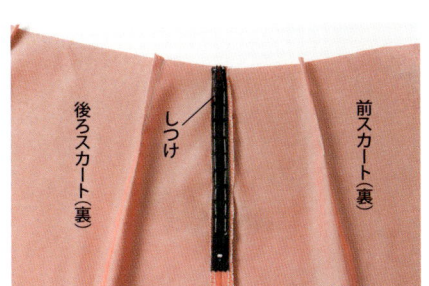

6 同様に、片側も厚紙をはさんでしつけでとめる。

7 **2**の左脇のしつけ糸をリッパーで抜き取る。

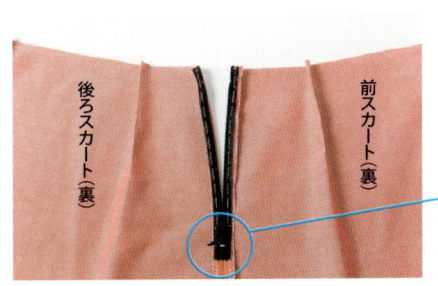

8 スライダーを一番下まで下ろしておく。

あき止まりより下までスライダーを下げておかないと、ミシンで縫うときに、あき止まりまで縫えないからです。

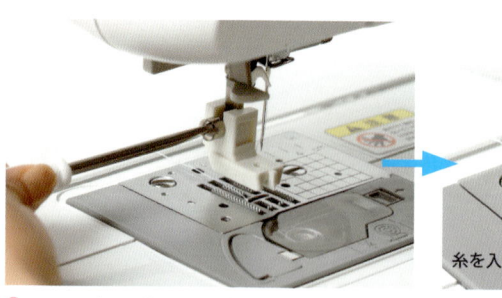 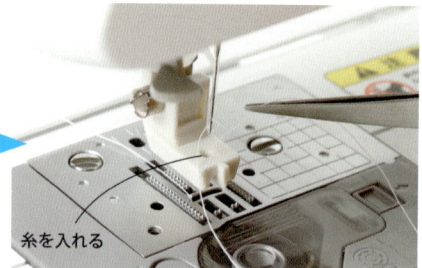

糸を入れる

9 コンシールファスナー用の押さえ金を取り付ける。写真のように市販の押さえ金を使うときは、押さえ金の穴に上糸を通しておく。

前スカート（表）
エレメント

10 前スカート側は、押さえ金の左側のみぞにエレメント（務歯）を入れ、エレメントを指で起こしながら、あき止まりまで縫う。

後ろスカート（表）

11 後ろスカート側は、右側のみぞにエレメントを入れ、同様に縫う。

縫っているときはミシン目が見えませんが、縫った後にエレメントを起こすと、ミシン目が見えます。

ミシンに付属している押さえ金を使う場合

市販の押さえ金と同様に、エレメントをみぞに入れ、指でエレメントを起こしながら縫います。

この押さえ金の場合、織テープ製のコンシールファスナーと兼用のため、市販のものに比べて若干みぞが広く作られている。

前スカート（表）

後ろスカート（表）

12 押さえ金を取り替え、前スカートの縫い代にコンシールファスナーの土台布を縫いとめる。

13 同様に、後ろスカートもコンシールファスナーの土台布を縫いとめる。

ミシンに付属しているファスナー用の押さえ金（写真右）で縫っていますが、直線縫い用の押さえ金でも縫えます。

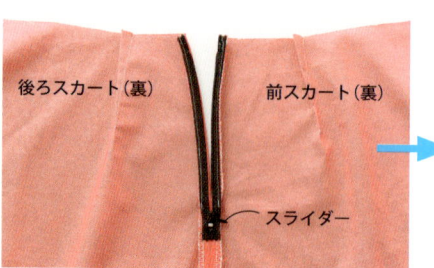 

後ろスカート（裏）　前スカート（裏）

スライダー

前スカート（裏）

14 縫い代とコンシールファスナーの土台布の間にあるスライダーを表に引き出す。

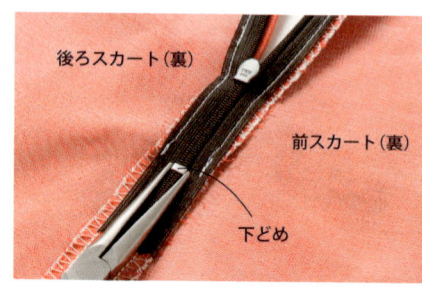

後ろスカート（裏）

前スカート（裏）

下どめ

15 下どめをあき止まりの位置に移動させ、ペンチで押さえて固定する。

④ 右脇を縫う

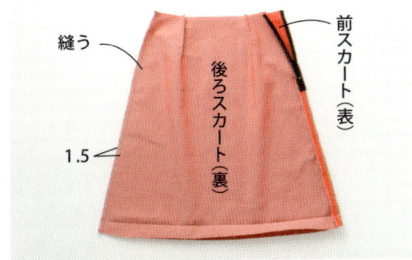

縫う
前スカート（表）
後ろスカート（裏）
1.5

1 前スカートと後ろスカートを中表に合わせ、右脇を縫う。

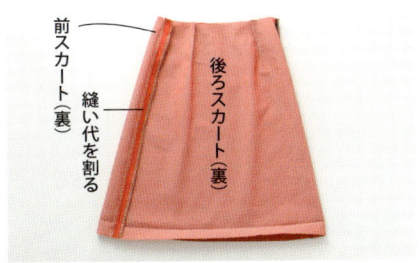

前スカート（裏）
縫い代を割る
後ろスカート（裏）

2 縫い代をアイロンで割る。

⑤ ウエストを始末する

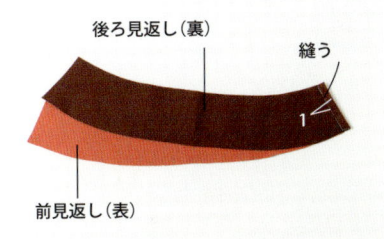

後ろ見返し（裏）
縫う
1
前見返し（表）

1 前見返しと後ろ見返しを中表に合わせ、右脇を縫う。

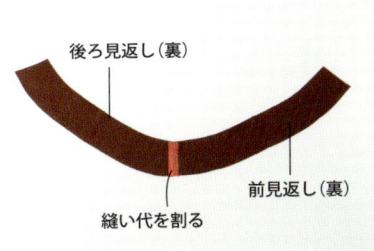

後ろ見返し（裏）
前見返し（裏）
縫い代を割る

2 縫い代をアイロンで割る。

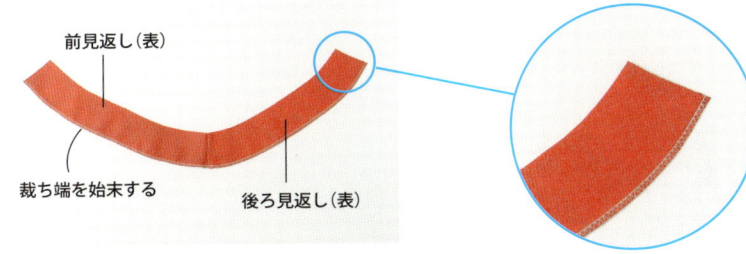

前見返し（表）
裁ち端を始末する
後ろ見返し（表）

3 見返しの裁ち端を始末する。

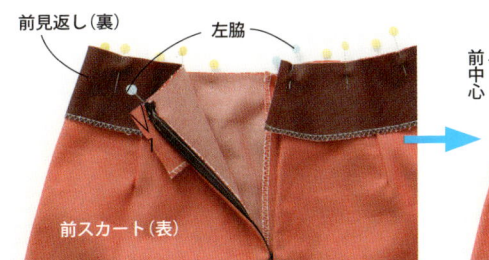

前見返し（裏）
左脇
前スカート（表）

4 見返しとスカートのウエストを中表に合わせる。最初に左脇を1cmずらしてまち針でとめ、次に右脇と前後の中心を合わせてから、その間をとめていく。

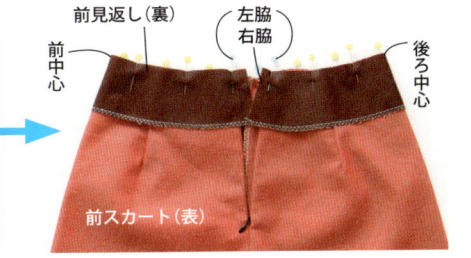

前見返し（裏）
左脇 右脇
前中心
後ろ中心
前スカート（表）

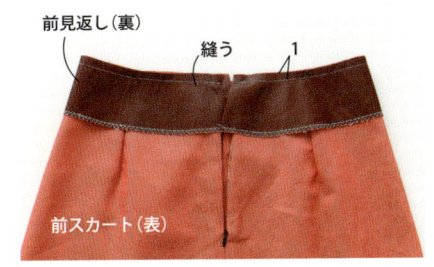

前見返し（裏）
縫う
1
前スカート（表）

5 ウエストを縫い合わせる。

0.1～0.2
表から見えないように見返しをひかえて折る
見返し（表）
スカート（裏）

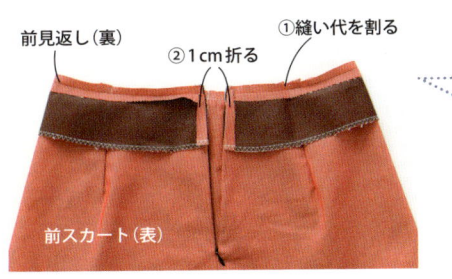

前見返し（裏）
②1cm折る
①縫い代を割る
前スカート（表）

6 縫い代をアイロンで割り、見返しの左脇を1cm折る。

アイロンの先端を使って、少しずつ縫い代を割るとよいでしょう。

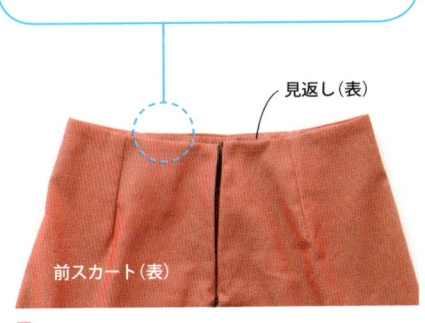

見返し（表）
前スカート（表）

7 見返しを表に返す。

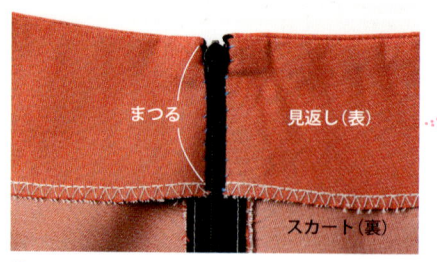

まつる　見返し（表）

スカート（裏）

8 コンシールファスナーの周りの見返しをまつり縫いする。

まつり縫いは、1本どりの手縫い糸を使用。ミシン糸でもOKですが、手縫い糸を使うと縫いやすいです。まつり縫いの仕方はP.33を参照してください。

星どめって何?

星どめとは、ごく小さい針目の返し縫いのこと。このスカートの場合は、見返しと縫い代のみをとめているので、スカートの表からは針目がまったく見えません。

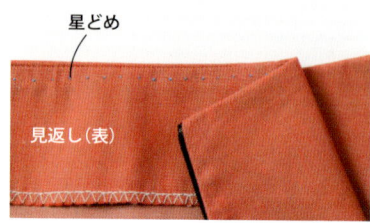

見返し（表）

裏側（見返しの表）から見ても、針目が小さいので目立たない。スカートの縫い代まで縫いとめているので、見返しが安定する。

断面図

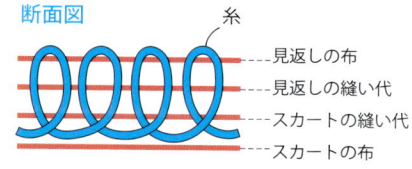

糸 / 見返しの布 / 見返しの縫い代 / スカートの縫い代 / スカートの布

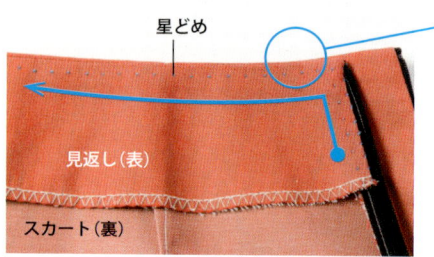

星どめ　見返し（表）　スカート（裏）

0.5〜0.7　0.5　0.1　見返し（表）

9 コンシールファスナーの周りからウエストを続けて星どめする。

コンシールファスナーのあるところは、ファスナーの土台布も一緒にすくいながら、縫っていく。

6 裾を始末する

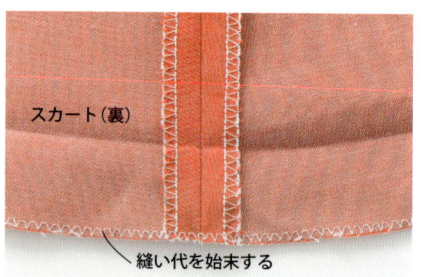

スカート（裏）

縫い代を始末する

1 裾の縫い代を始末する。

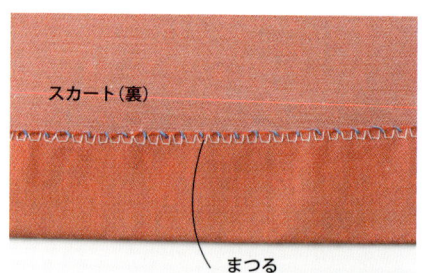

スカート（裏）

まつる

2 1-4の折り目どおりに折ってまつる。

7 スプリングホックをつける

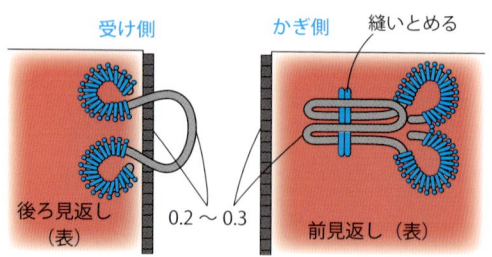

受け側　かぎ側　縫いとめる

後ろ見返し（表）　0.2〜0.3　前見返し（表）

コンシールファスナーあきの上端にスプリングホックをつける。ホックをとめたとき、すき間があかないように、つけ位置に注意する。糸はボタンつけ糸1本どりが縫いやすいが、ミシン糸2本どりでもOK。

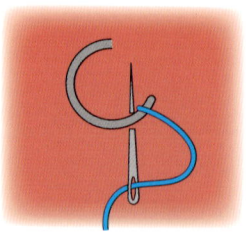

1 金具の内側から針を出し、すぐ横の布を1針すくう。

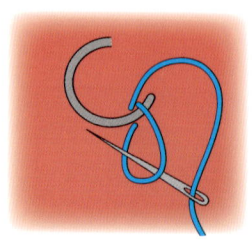

2 糸の輪に下から針を通す。

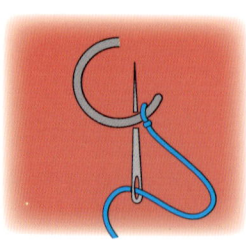

3 結び目が金具の外側にくるように糸を引き締める。1〜3を繰り返す。

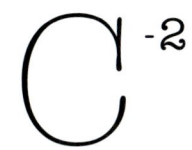

C-2

Pattern Sewing

まちつき
パッチポケットの
エプロン

ポケットのまちの白さが目を惹きつける、カジュアルなカフェエプロン。C-1 の型紙をアレンジしているので、脇線が自然に体になじみ、きれいなラインを作り出します。

ひもの裏も、まちと同じく白い布をあしらいました。後ろ姿も、さりげなく視線を集めます。

LESSON*3 ●パターンソーイング【エプロン】

【patch pocket】パッチポケット

「patch」とは「貼りつける」という意味。衣服の表側につけたポケットのこと。物入れとしての機能はもちろん、デザインの大切な要素になる。B-1 (P.44) や B-2 (P.50) のポケットもパッチポケットの一種。

C-2
まちつきパッチポケットのエプロン

難易度LEVEL ★★★

実物大型紙 ［2面／C-2 ］
前スカート　後ろスカート　ひも
ポケット　ポケットのまち

でき上がり寸法（ S / M / L / LL ）
ウエスト…66.5/70.5/74.5/79.5cm
ヒップ……88/92/96/100cm
着丈………36cm（ひもを含む・4サイズ共通）

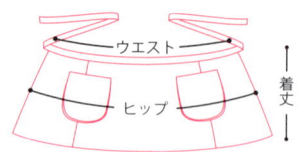

●材料
綿麻混紡マットストライプ
…110cm幅200/200/210/210cm
コットン（ホワイト）
…15cm幅200/200/210/210cm
接着芯…適宜（4サイズ共通）
ミシンスパン糸#60

※140cm幅の布を使用する場合も、同じ用尺を
　目安に購入してください。
※道具はP.7〜10を参照してください。

綿麻混紡マットストライプ

コットン（ホワイト）

エプロン本体は織りでストライプに見える布で、ソフトでありながら程よいコシがある。まちやひもの裏は、普通地のコットンを使用。エプロンは何度も洗濯をするので、丈夫な布を選ぶとよい。

●裁ち合わせ図

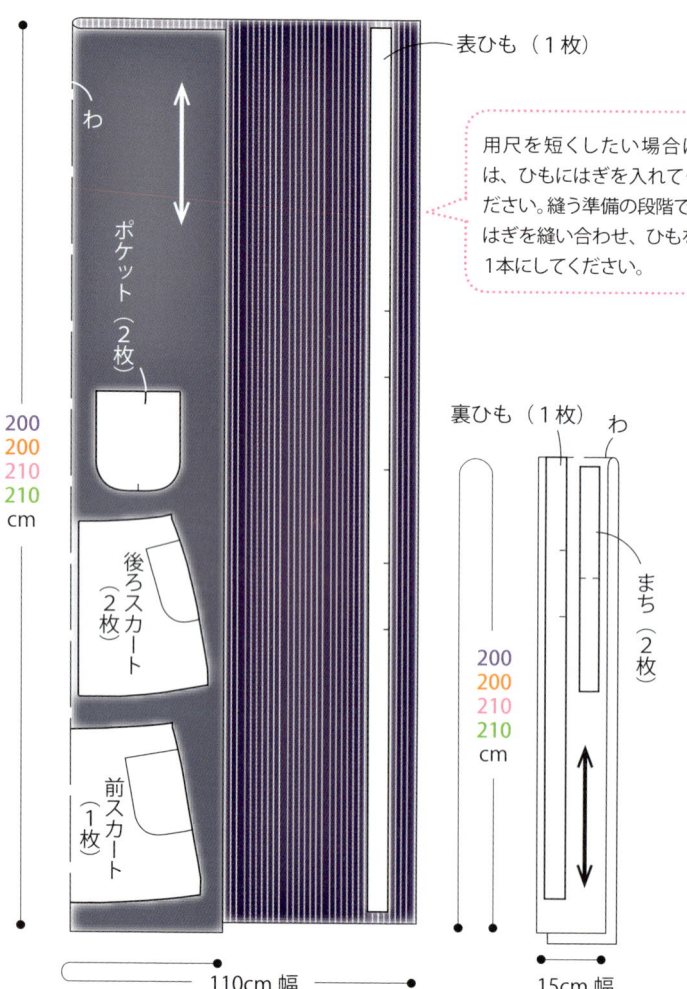

表ひも（1枚）

用尺を短くしたい場合には、ひもにはぎを入れてください。縫う準備の段階で、はぎを縫い合わせ、ひもを1本にしてください。

裏ひも（1枚）　わ

まち（2枚）

200
200
210
210
cm

200
200
210
210
cm

わ

ポケット（2枚）

後ろスカート（2枚）

前スカート（1枚）

110cm幅

15cm幅

●作り方順序

1 縫う準備をする

2 脇を縫う

3 裾と後ろ端を縫う

4 ポケットを作り、つける

5 ひもを作り、つける

丈の調節は、P.19参照。

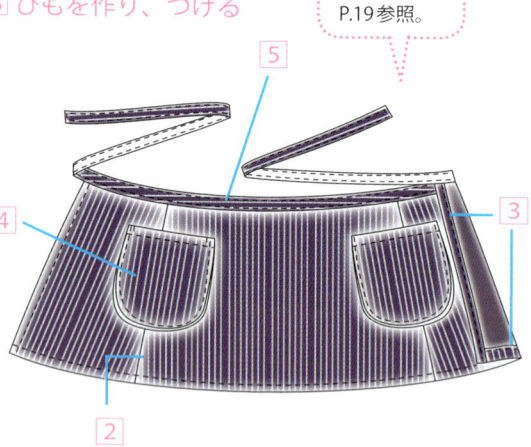

MINI COLUMN
「まち」って何？

「まち」とは、厚み（奥行き）を形作るためのパーツで、この作品の場合はポケットの白い布の部分のことをいいます。
ちなみに、バッグやポーチなどの厚み（側面）も、別布仕立てでなくとも、まちといいます。

これも「まち」

1 縫う準備をする

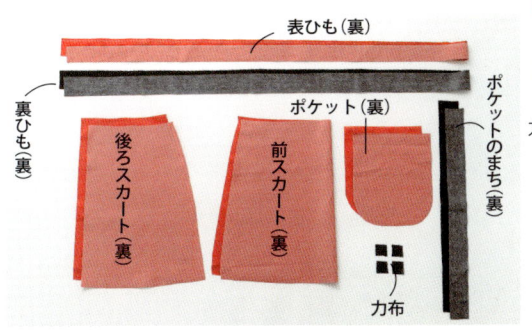

表ひも（裏）
裏ひも（裏）
後ろスカート（裏）
前スカート（裏）
ポケット（裏）
ポケットのまち（裏）
力布

1 前スカート、後ろスカート、ひも、ポケット、ポケットのまち、力布（接着芯）を裁断する。

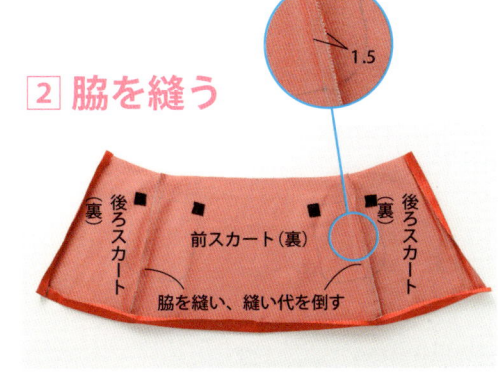

表ひも（裏）
裏ひも（裏）
力布の大きさ
2 / 2
力布
前スカート（裏）
力布
後ろスカート（裏）
ポケットのまち（裏）
ポケット（裏）

2 ポケットつけ位置、ひもとスカートのウエストの合い印、ポケットとまちの合い印にチャコペンで印をつける。ポケット口には接着芯を貼る。

➡ **ポケットの印つけはP.22参照**

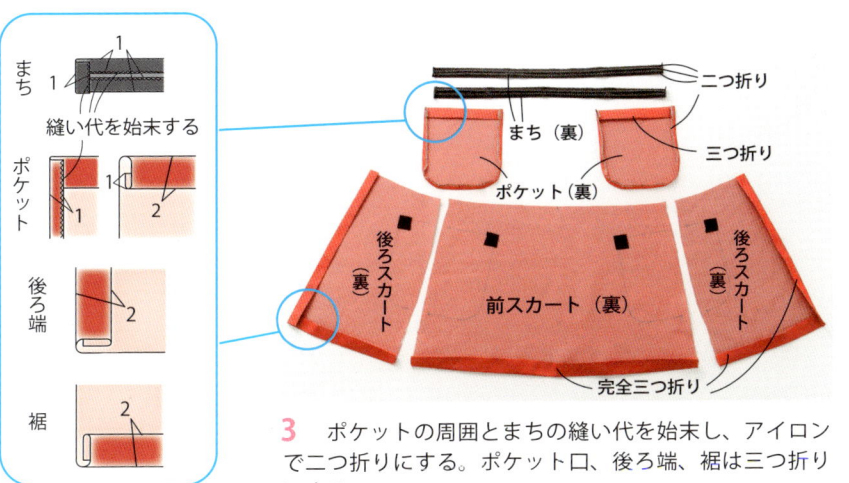

まち
1 / 1 / 1
縫い代を始末する
ポケット
1 / 1 / 2
後ろ端 2
裾 2

二つ折り
まち（裏）
三つ折り
ポケット（裏）
後ろスカート（裏）
前スカート（裏）
後ろスカート（裏）
完全三つ折り

3 ポケットの周囲とまちの縫い代を始末し、アイロンで二つ折りにする。ポケット口、後ろ端、裾は三つ折りにする。

2 脇を縫う

1.5
後ろスカート（裏）
前スカート（裏）
後ろスカート（裏）
脇を縫い、縫い代を倒す

前スカートと後ろスカートを中表に合わせ、脇を縫う。縫い代は2枚一緒に始末し、後ろスカート側に倒す。

3 裾と後ろ端を縫う

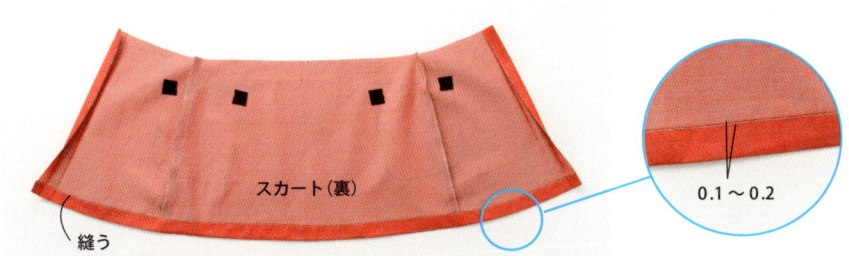

スカート（裏）
縫う
0.1〜0.2

1 後ろ端の折り目をいったん広げ、裾を 1-3 の折り目どおりに折って縫う。

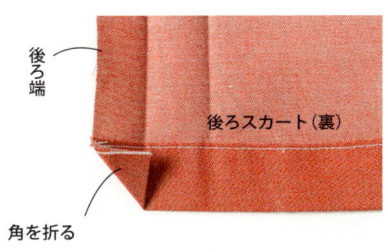

後ろ端
後ろスカート（裏）
角を折る

2 後ろ端の裾の角を折る。

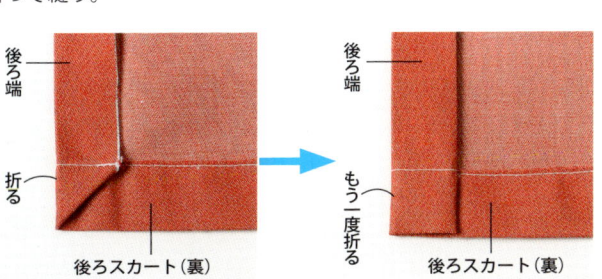

後ろ端
折る
後ろスカート（裏）
後ろ端
もう一度折る
後ろスカート（裏）

3 後ろ端 1-3 の折り目どおりに三つ折りする。

※写真では、わかりやすく説明するために、作品と違う布と糸を使用しています。

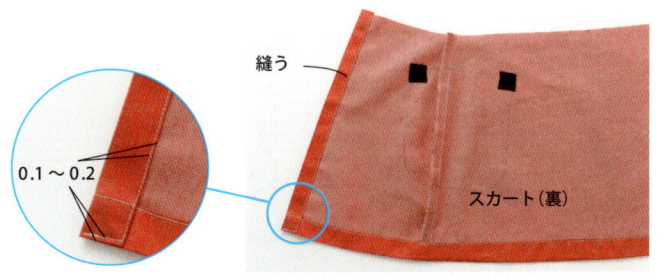

0.1〜0.2
縫う
スカート（裏）

4 後ろ端を縫う。

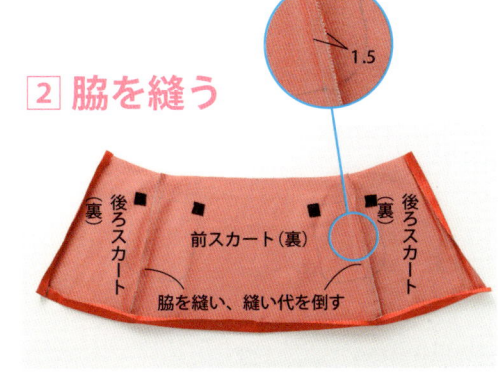

LESSON*3 ● パターンソーイング【エプロン】

④ ポケットを作り、つける

1 ポケットの周囲の折り目をいったん広げ、ポケット口を ①-3 の折り目どおりに折って縫う。

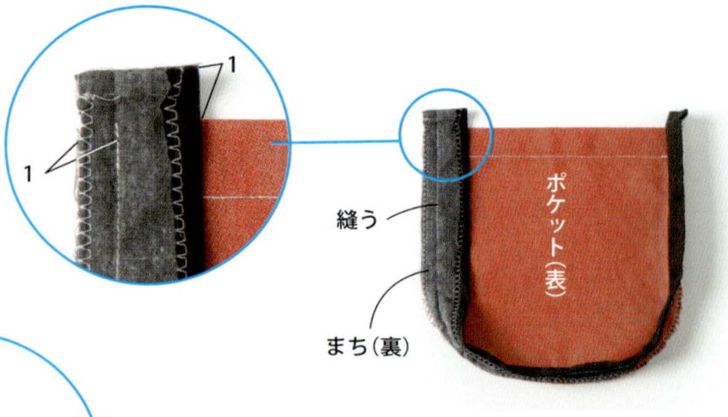

0.1〜0.2

2 まちの折り目をいったん広げ、ポケットと中表に合わせて縫う。

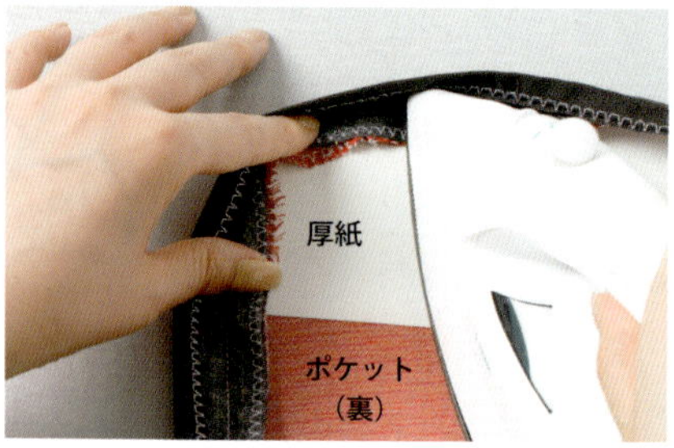

3 縫い代をアイロンでポケット側に倒す。カーブの縫い代がきれいに倒せないときは、写真のように厚紙を使う。

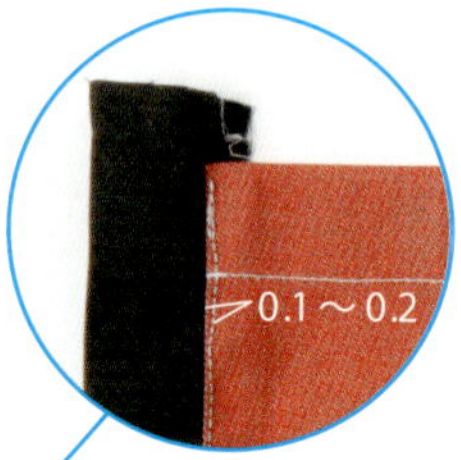

0.1〜0.2

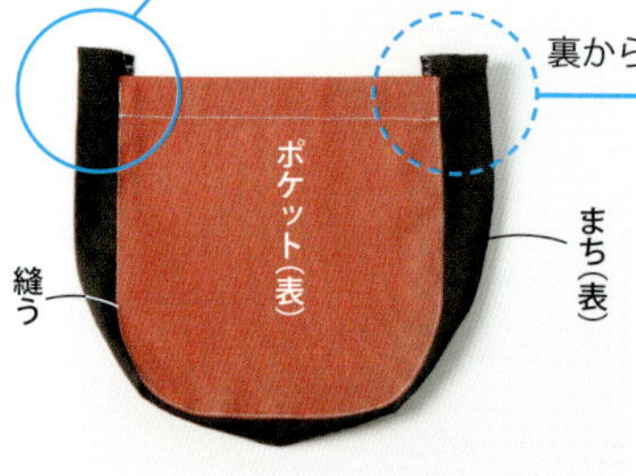

裏から見ると…

4 ポケットの周囲に表からステッチをかける。

0.1〜0.2

5 まちの縫い代を ①-3 の折り目どおりに折る。

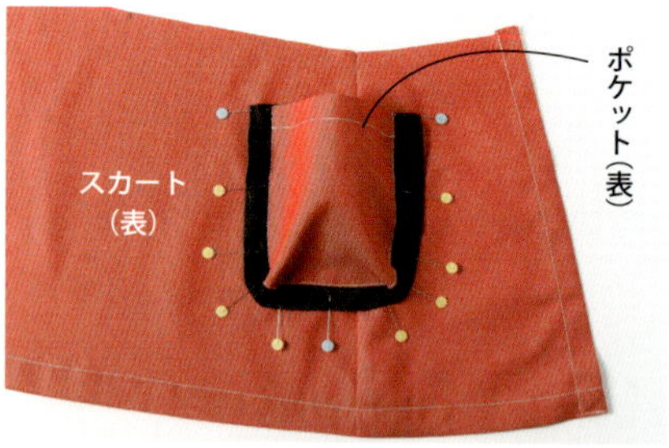

6 ポケットつけ位置にポケットを置き、まちとスカートをまち針でとめる。

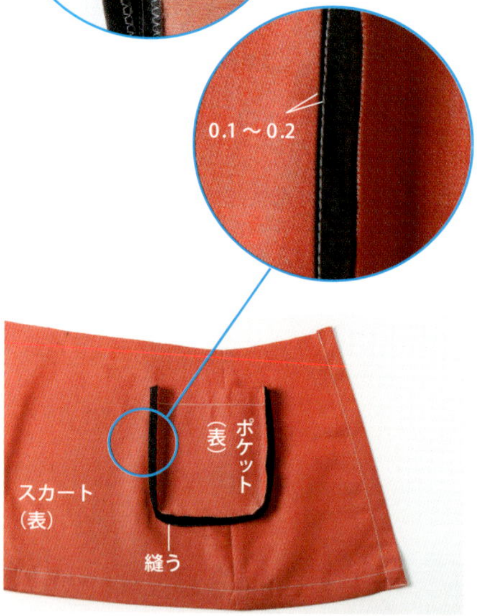

7 まちとスカートを縫い合わせる。

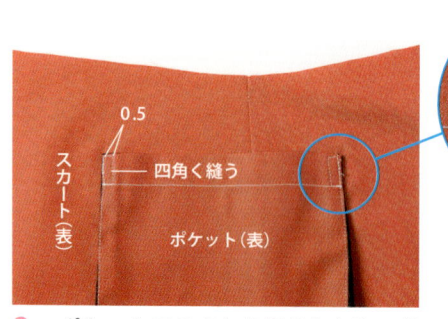

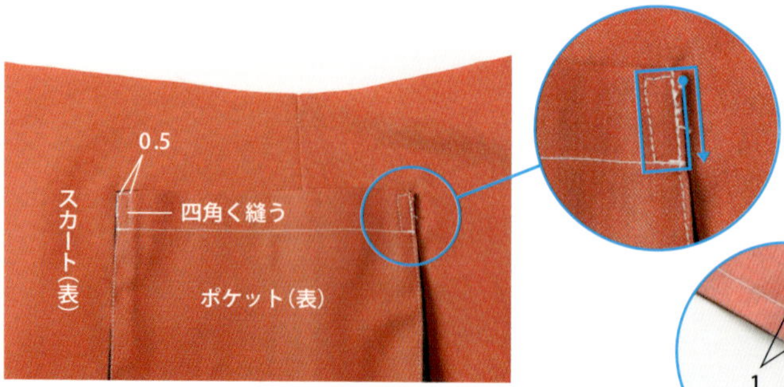

0.5
四角く縫う
スカート(表)
ポケット(表)

8 ポケット口のまちを折りたたみ、ポケット口をスカートに縫いとめる。

⑤ ひもを作り、つける

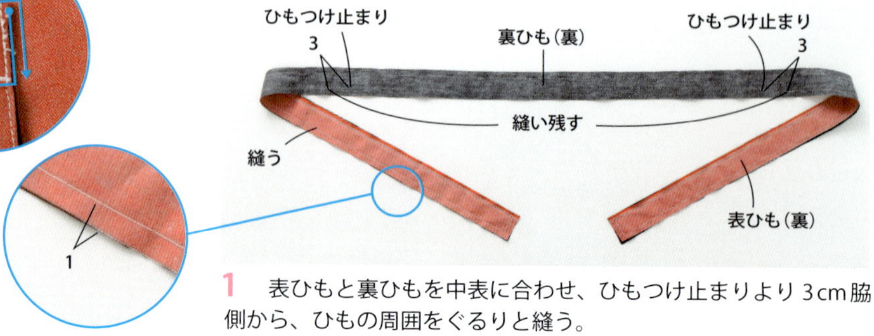

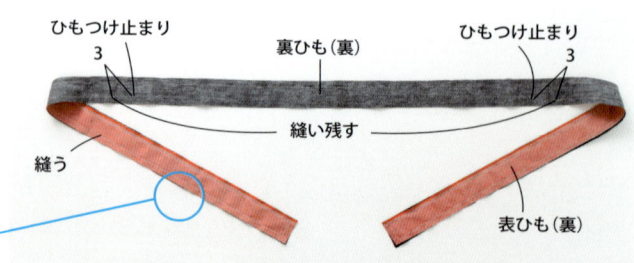

ひもつけ止まり
裏ひも(裏)
3
ひもつけ止まり
3
縫う
縫い残す
表ひも(裏)

1 表ひもと裏ひもを中表に合わせ、ひもつけ止まりより3cm脇側から、ひもの周囲をぐるりと縫う。

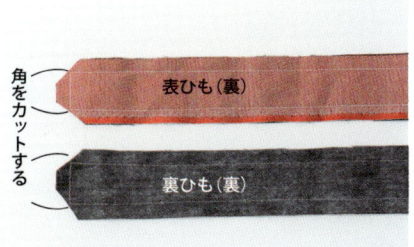

2 角の縫い代をカットする。

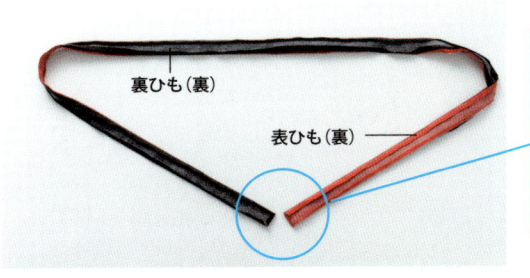
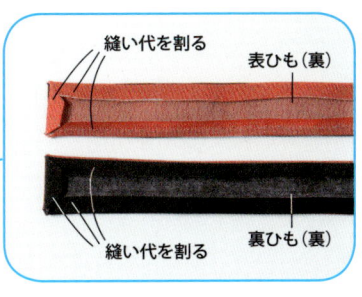

縫い代を割る
表ひも（裏）
裏ひも（裏）
表ひも（裏）
縫い代を割る
裏ひも（裏）

3 縫い代をアイロンで割る。

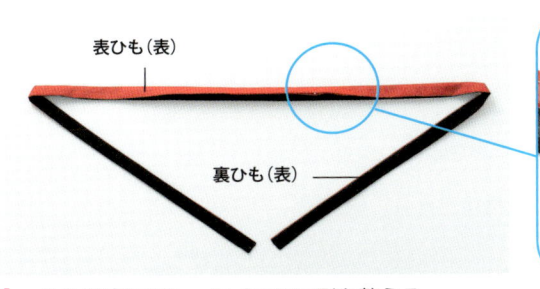

表ひも（表）
裏ひも（表）

4 ひもを表に返し、アイロンで形を整える。

ひもつけ止まり
裏ひも（裏）
表ひも（表）

ひもつけ止まり
1
縫う

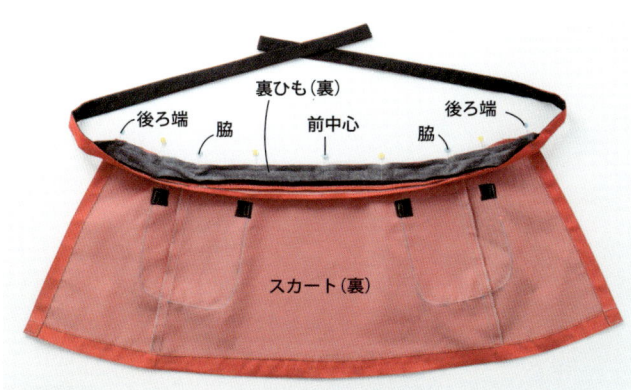

後ろ端　脇　前中心　脇　後ろ端
裏ひも（裏）
スカート（裏）

5 裏ひもとスカートのウエストを合わせる。まち針は後ろ端、前中心、脇をとめてから、その間をとめるとよい。

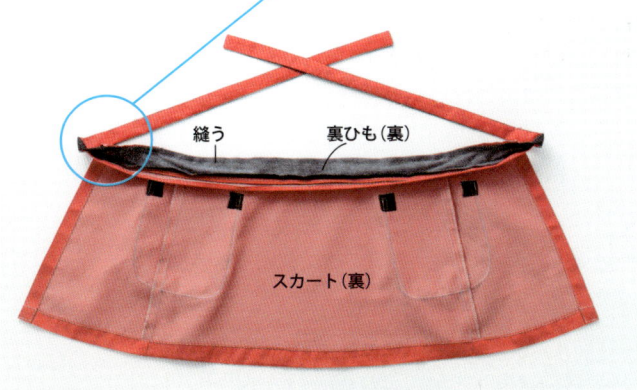

縫う
裏ひも（裏）
スカート（裏）

6 裏ひもとスカートのウエストを縫い合わせる。

縫う
表ひも（表）
スカート（表）
0.1〜0.2

7 表ひもの縫い代を折り目どおりに折り、スカートのウエストの縫い代にかぶせて、ひもの下端にステッチをかける。

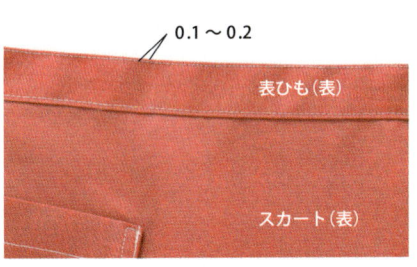

0.1〜0.2
表ひも（表）
スカート（表）

8 ひもの上端にもステッチをかける。

Pattern Sewing

胸元ギャザーの
Vネックブラウス

ふんわりとやわらかな雰囲気ながらも、すっきりしたシルエットの七分袖のブラウス。その秘密は胸元にひかえめに入れたギャザー。小さめバストの人でも、女性らしい自然な丸みを演出できます。

【gather】ギャザー
ギャザーとは「集める」という意味で、布を寄せ集めて細かいひだを作ること。ミシン縫いの下糸を引いて布を寄せて縮めたり、ゴムテープを使用してしわを出すテクニックを指す。

D
胸元ギャザーのVネックブラウス

実物大型紙 [1面／D]
前身頃　後ろ身頃　袖

難易度LEVEL ★★★★

でき上がり寸法（S／M／L／LL）
バスト……95／99／103／108cm
ウエスト…105／109／113／118cm
袖丈………39.5／40.5／41.5／42.5cm
着丈………60cm（4サイズ共通）

● 材料

綿ローン…112cm幅 190／190／195／195cm
1.1cm幅のバイアステープ…
276／282／288.5／295cm（P.68 1 参照）
ミシンスパン糸＃60

※140cm幅の布を使用する場合は160cmを目安に
　購入してください。
※道具はP.7～10を参照してください。

綿ローン

綿ローンは軽やかで透け感があり、春夏物の衣類にぴったりな布。薄地なので初心者には少々あつかいがむずかしいが、ブラウスには最適。この作品には綿ボイルやガーゼ、薄手の麻などもおすすめ。

● 裁ち合わせ図

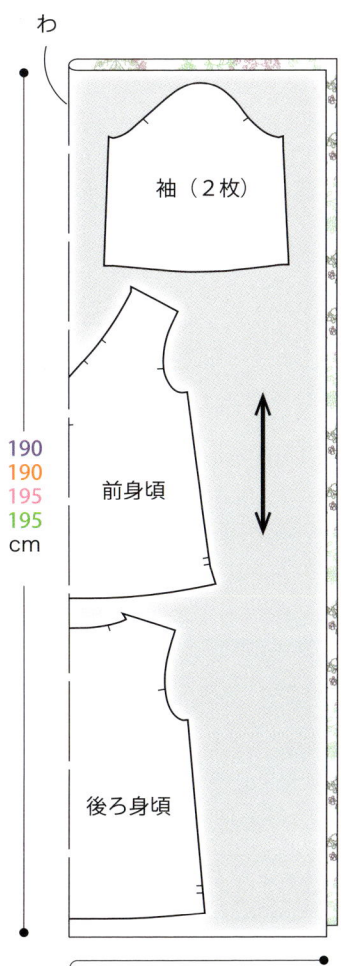

わ

190
190
195
195
cm

袖（2枚）

前身頃

後ろ身頃

112cm 幅

● 作り方順序

1 縫う準備をする
2 ギャザーを寄せる
3 肩を縫う
4 袖をつける
5 脇を縫う
6 裾を始末する
7 衿ぐりにふちどりをする
8 袖口にふちどりをする
9 ひもを作り、つける

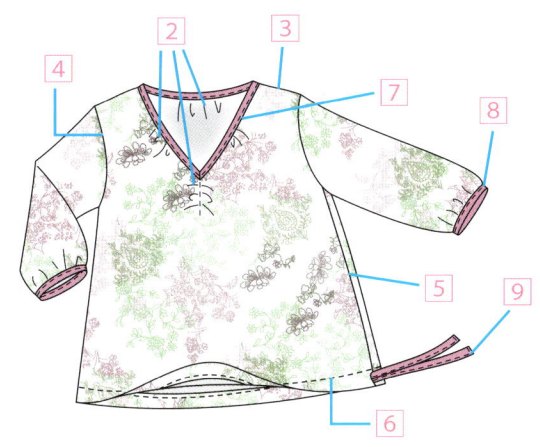

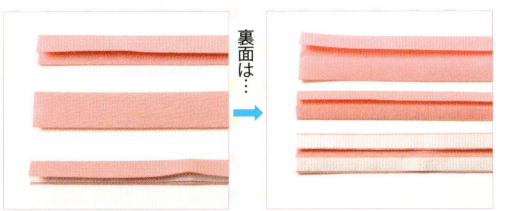

上手に使おう
市販のバイアステープ

作品に使用したバイアステープは多くの手芸店であつかっているメーカーのもの。少しかための布ですが、初心者には縫いやすく、手軽に使えます。
市販のバイアステープは色や柄、幅などさまざまで、手芸店によってはオリジナルの布で販売している場合もあります。

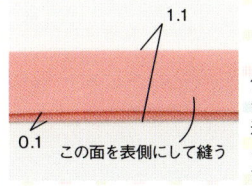

裏面は…

上から、ふちどりタイプ、両折り（両端を折っただけの）タイプ、ふちどり接着タイプ。商品パッケージでは、ぱっと見、同じに見えるので、パッケージの説明書きをよく見て購入しよう。

バイアステープを使う前に、アイロンでパッケージの折りあとをとるとよい。

※接着タイプはアイロンNG

折りあと

1.1

0.1　この面を表側にして縫う

作品に使用した1.1cm幅のふちどりタイプ。幅が表側と裏側でわずかに差がある。幅の狭い面を表側にすると、一度のミシンがけでふちどりがきれいに縫える。

※手持ちの布でバイアステープを作る方法は、P.72を参照してください。

1 縫う準備をする

袖口のふちどり布(表)
袖(裏)
衿ぐりのふちどり布(表)
後ろ身頃(裏)
前身頃(裏)
裾のひも(表)

バイアステープの本数と長さの目安				(cm)
	S	M	L	LL
衿ぐりのふちどり布(1本)	66	67	68.5	70
袖口のふちどり布 (2本)	27	28	29	30
裾のひも (1本)	156	159	162	165

※袖口のふちどり布は1本分の長さ。

1 前身頃、後ろ身頃、袖を裁断する。バイアステープも衿ぐりと袖口のふちどり、裾のひも分をそれぞれカットする(右表を参照)。

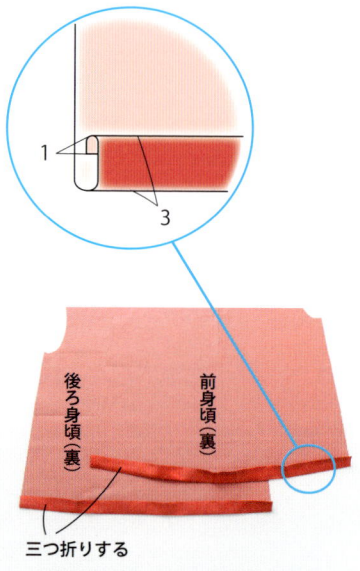

1
3

後ろ身頃(裏)
前身頃(裏)
三つ折りする

2 チャコペンでギャザー止まり、ひも通し口、袖ぐりと袖山の合い印に印をつける。

後ろ身頃(裏)
前身頃(裏)
袖(裏)

3 裾にアイロンで折り目をつける。

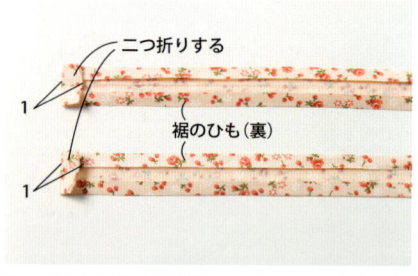

二つ折りする
1
1
裾のひも(裏)

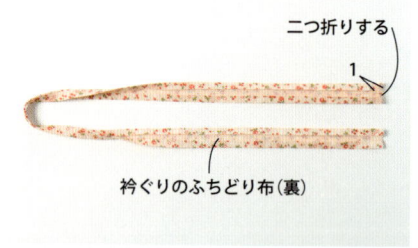

二つ折りする
1
衿ぐりのふちどり布(裏)

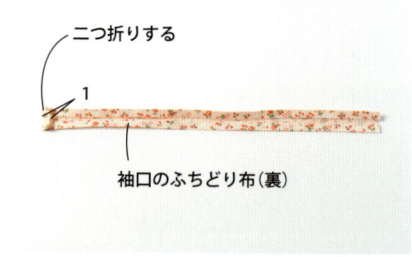

二つ折りする
1
袖口のふちどり布(裏)

4 裾のひもの両端にアイロンで折り目をつける。衿ぐり・袖口のふちどり布は、片方の端だけ折り目をつける。

2 ギャザーを寄せる

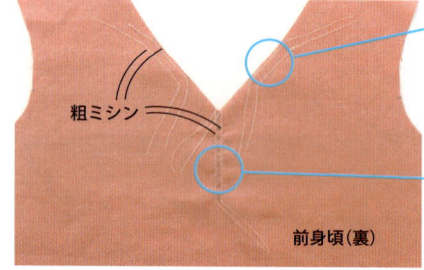

粗ミシン
前身頃(裏)

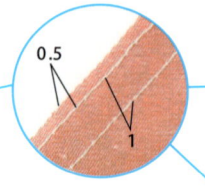

前中心
0.5 0.5

0.5
1

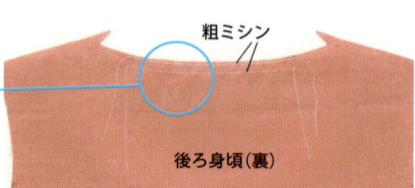

粗ミシン
後ろ身頃(裏)

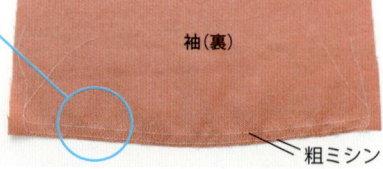

袖(裏)
粗ミシン

1 前身頃の衿ぐりと前中心のギャザー位置に粗ミシンを2本かける。

粗ミシンとは、針目の大きいミシン目のことで、ギャザーを寄せたり、仮どめするときにします。ギャザーを寄せる場合は、返し縫いはせず、縫い始めと縫い終わりの糸を15cmほど残しておきます。

2 同様に、後ろ衿ぐりと袖口のギャザー位置にも同じ幅で粗ミシンをかける。

※写真では、わかりやすく説明するために、作品と違う布と糸、バイアステープを使用しています。

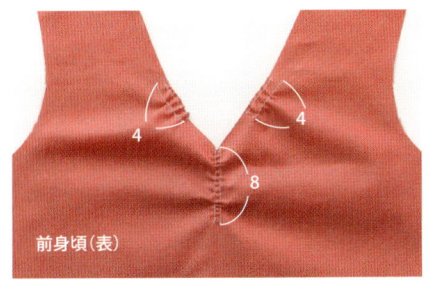

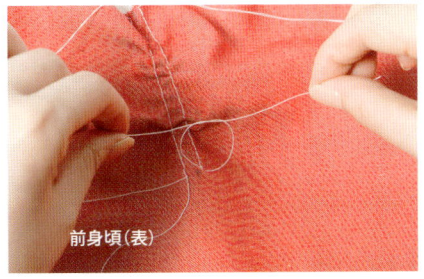

3 粗ミシンの糸を引き、ギャザーを寄せる。ギャザー止まりはほどけないように、固結びを3〜4回繰り返し、余分な糸を切る。

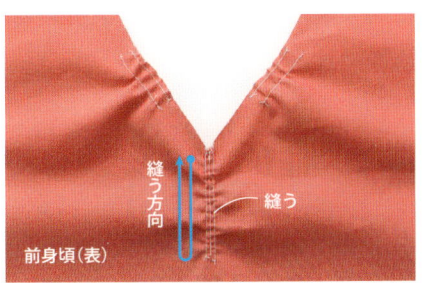

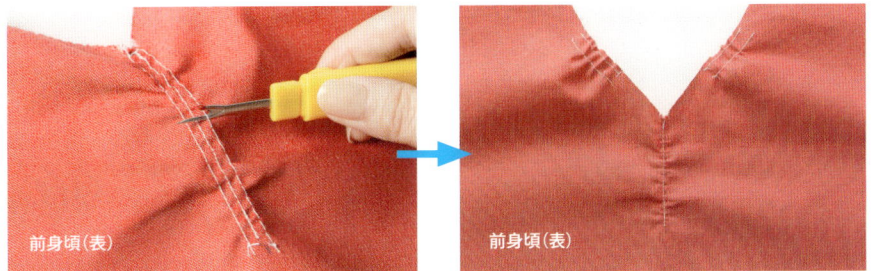

4 前中心のギャザーの位置（粗ミシンの間）を返し縫いで縫う。

5 前中心の粗ミシンの糸をリッパーで抜き取る。

③ 肩を縫う

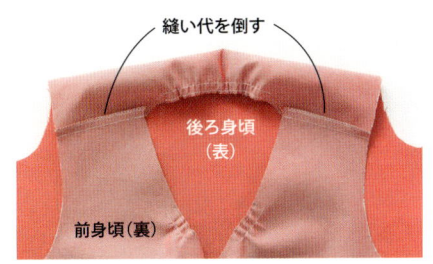

1 前身頃と後ろ身頃の肩を中表に合わせて縫う。縫い代は2枚一緒に始末する。

2 縫い代をアイロンで後ろ身頃側に倒す。

④ 袖をつける

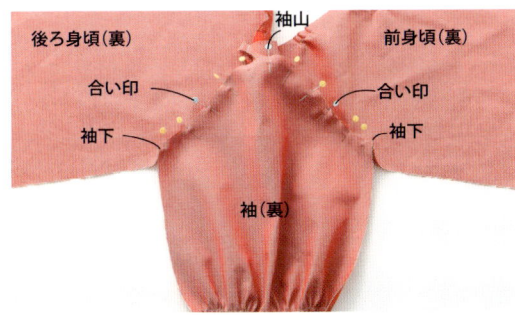

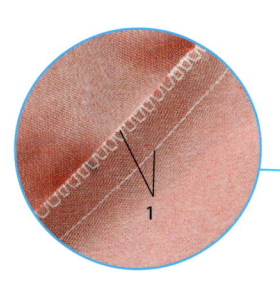

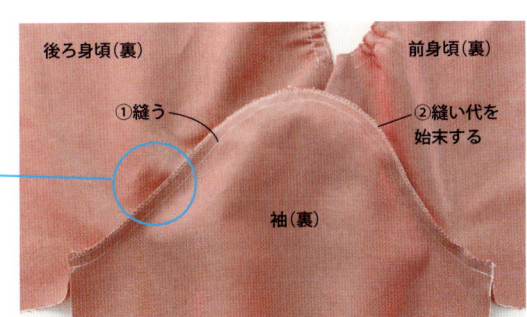

1 身頃と袖を中表に合わせ、袖ぐりと袖山をまち針でとめる。まち針は袖下、肩、合い印をとめてから、その間をとめるとよい。

2 袖と身頃を縫い合わせ、縫い代は2枚一緒に始末する。

5 脇を縫う

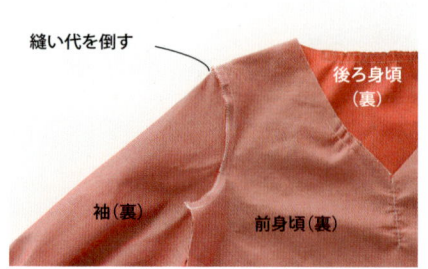

3 縫い代を袖側に倒す。

縫い代を倒す
袖(裏)
後ろ身頃(裏)
前身頃(裏)

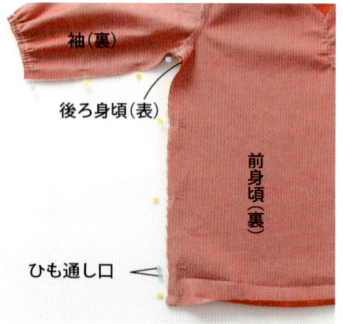

1 身頃と袖の前後を中表に合わせ、まち針でとめる。

袖(裏)
後ろ身頃(表)
前身頃(裏)
ひも通し口
ひも通し口を縫い残す

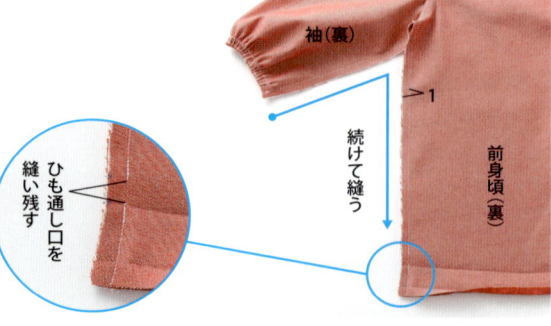

2 袖口から裾まで続けて縫う。左脇はひも通し口を縫い残す。

袖(裏)
続けて縫う
前身頃(裏)
1

右脇はひも通し口から0.5cm上から縫い代を始末します。

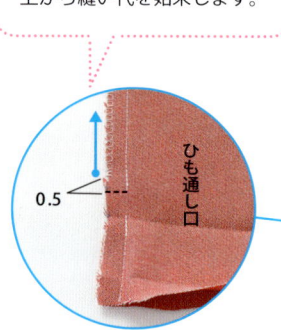

0.5
ひも通し口

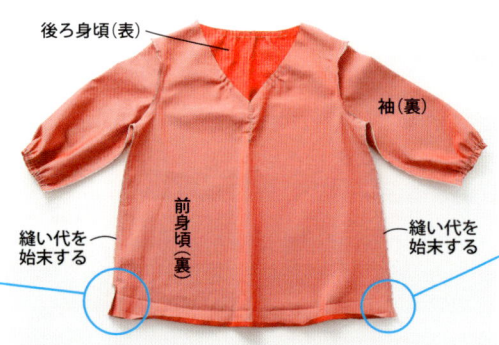

3 脇の縫い代を2枚一緒に始末する。

後ろ身頃(表)
袖(裏)
縫い代を始末する
前身頃(裏)
縫い代を始末する

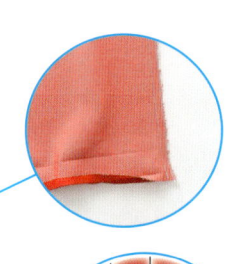

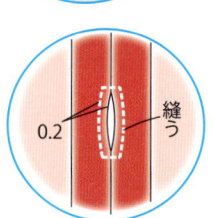

0.2
縫う

6 裾を始末する

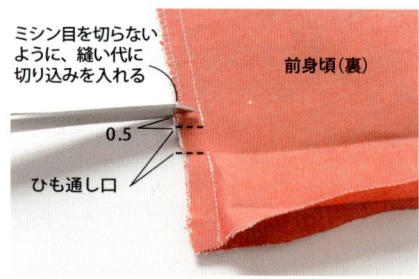

ミシン目を切らないように、縫い代に切り込みを入れる
0.5
ひも通し口
前身頃(裏)

1 ひも通し口から0.5cm上の縫い代に切り込みを入れる。

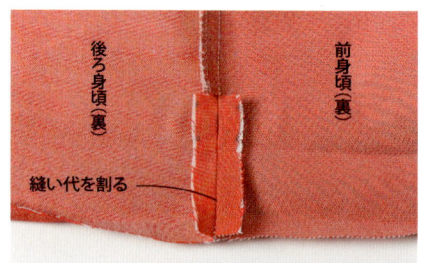

後ろ身頃(裏)
前身頃(裏)
縫い代を割る

2 縫い代をアイロンで割る。

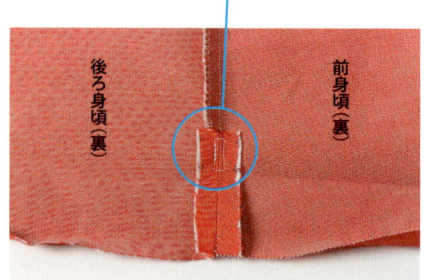

後ろ身頃(裏)
前身頃(裏)

3 ひも通し口のまわりにステッチをかける。

前身頃(裏)
0.1〜0.2
縫う

4 裾の縫い代を **1-3** の折り目どおりに折って縫う。

表から見ると…

前身頃(表)

ひも通し口

⑦ 衿ぐりにふちどりをする

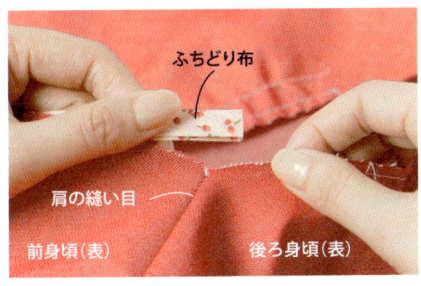

1 身頃を表に返し、衿ぐりのふちどり布を幅が狭い面を手前にして持つ。

①ふちどり布の折り目と身頃の布端を合わせる
②ふちどり布を折る

2 左肩の縫い目から1cmずらし、ふちどり布をつける。縫い代はふちどり布の奥まで、しっかりはさみながらつけ、まち針でとめていく。

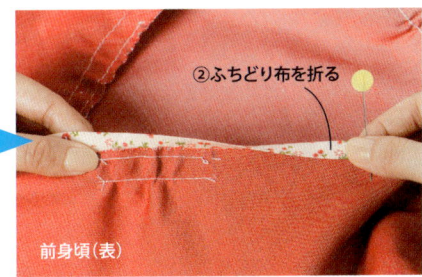

3 前中心の衿ぐりの角は、まっすぐに伸ばしてふちどり布でくるむ。

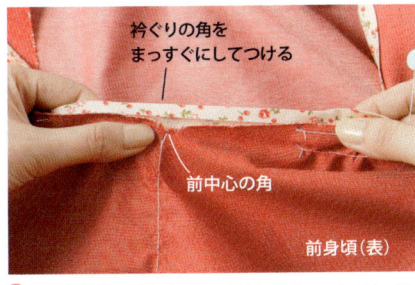

衿ぐりの角をまっすぐにしてつける
前中心の角
前身頃(表)

ふちどり布をかぶせる
後ろ身頃(表)
後ろ身頃(裏)
前身頃(表)

4 ふちどり布が衿ぐりを一周したら、折った側を上にかぶせ、まち針でとめる。

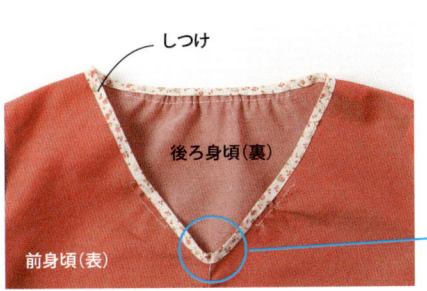

しつけ
後ろ身頃(裏)
前身頃(表)

5 ふちどり布をしつけでとめる。この時点で、ふちどり布が身頃からはずれていないかチェックしておく。

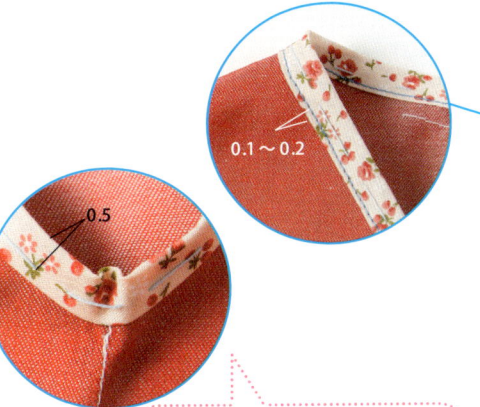

0.1〜0.2
0.5

衿ぐりの角を伸ばしてつけたので、少し浮きます。しつけの仕方はP.33を参照してください。

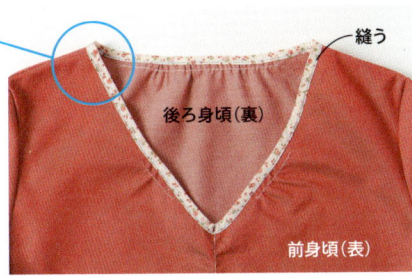

0.1〜0.2
縫う
後ろ身頃(裏)
前身頃(表)

6 ふちどり布をミシンで縫いとめる。衿ぐりの角を縫い逃さないように気をつけながら縫う。

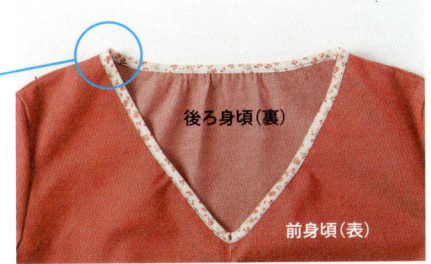

後ろ身頃(裏)
前身頃(表)

7 しつけの糸と、ギャザーの粗ミシンの糸を抜き取る(ふちどりの中に入っている粗ミシンの糸は、そのままでOK)。

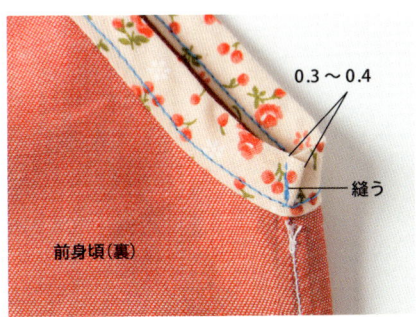

0.3〜0.4
縫う
前身頃(裏)

8 角のふちどりの浮いた部分を裏からつまんで縫う。

⑧ 袖口にふちどりをする

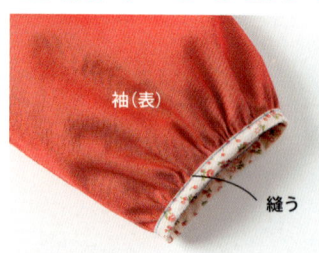

袖（表）
縫う

衿ぐりと同様に、袖下から袖口のふちどり布をはさみ、しつけでとめてからミシンで縫う。

⑨ ひもを作り、つける

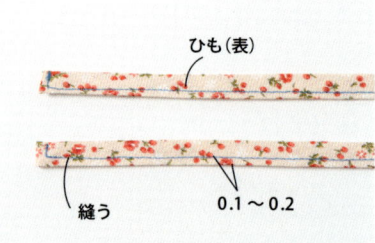

ひも（表）
縫う
0.1〜0.2

1 ひもを①-4とバイアステープの折り目どおりに折って縫う。

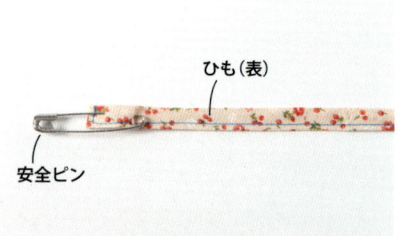

ひも（表）
安全ピン

2 ひもの先に安全ピン、またはひも通しをつける。

前身頃（表）
ひも通し口
ひも（表）

3 ひも通し口からひもを通す。

バイアステープの作り方

むずかしくはありませんが、少々手間がかかります。はじめてさんはステップアップしてからトライするとよいでしょう。

作品と同じ布で作りたいときや、お気に入りの布で作りたいときに。ここでは1.1cm幅のふちどりバイアステープを例に説明します。

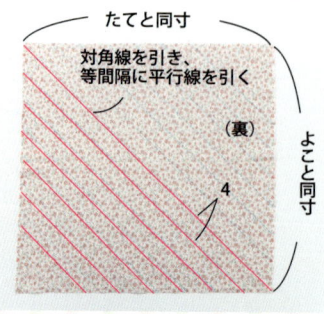

たてと同寸
対角線を引き、等間隔に平行線を引く
（裏）
よこと同寸
4

1 正方形の布を用意し、方眼定規を使って斜め45度の線を4cm間隔で引く。

（裏）

2 線に沿って布をカットする。

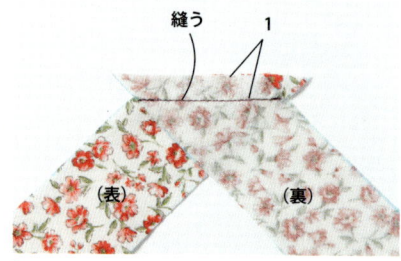

縫う 1
（表）
（裏）

3 カットした布を中表に合わせて縫う。

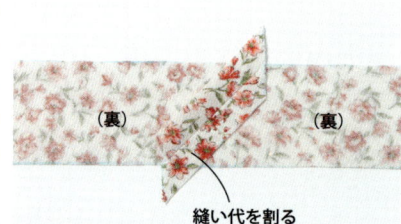

（裏）（裏）
縫い代を割る

4 縫い代をアイロンで割る。

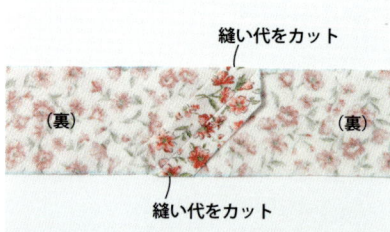

縫い代をカット
（裏）（裏）
縫い代をカット

5 余分な縫い代をカットする。

幅の狭い面を表側にして布に差し込めば、一度のミシン縫いで縫えます。

2cm幅の両折りタイプを作る場合は、両端を1cm折ればここで完成！

市販のバイアステープメーカーを使って折ってもOK！

（裏）
アイロン定規
0.9

6 両端を0.9cm幅に折る。

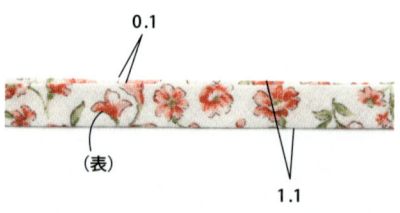

0.1
（表）
1.1

7 0.1cm差をつけて、二つ折りする。

縫い方のレベルは、⭐⭐⭐
くらい。コツさえつかめば、
むずかしくありません。

応用
両折りバイアステープで
衿ぐりを始末する

衿ぐりの裏側を両折りバイアステープで始末
する方法を紹介します。
ここでは、1cm幅の両折りバイアステープ（縫
い代幅0.5cm）を使い、ラウンドネックの衿ぐ
り（縫い代幅0.5cm）を例に説明します。

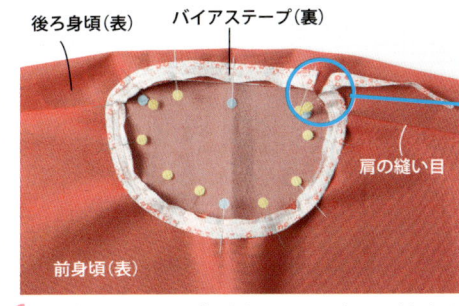

1 バイアステープの折り目と、身頃の衿ぐり
（でき上がりの位置）を中表に合わせる。バイア
ステープを衿ぐりのカーブに沿わせつつ、少し
伸ばしながらつけるのがコツ。

ここでは、バイアステープの縫
い代と、肩の縫い代が重なっ
て厚くならないように、肩から
3cm程度ずらしてつけています。

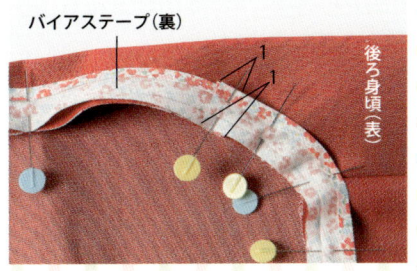
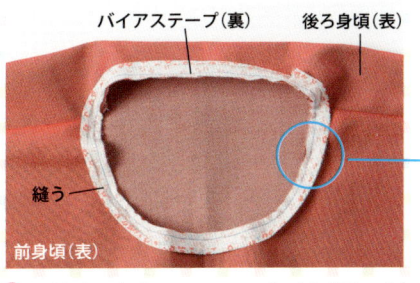
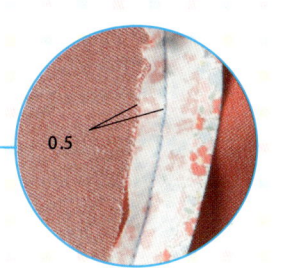

2 余分なバイアステープをカットして、
最初の1cmの折り目と重ねる。

3 衿ぐり（バイアステープの折り目の上）
をぐるりと縫う。

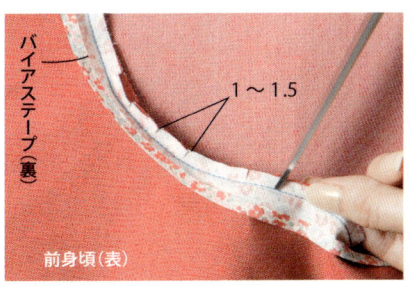
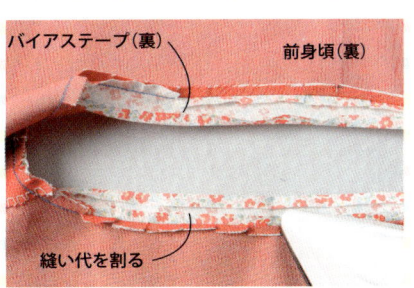
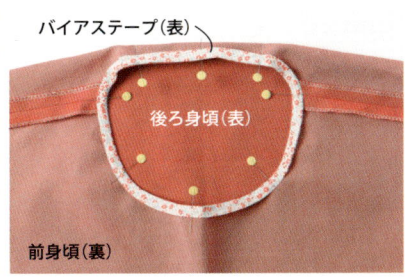

4 ミシン目を切らないように注意しなが
ら、縫い代に切り込みを入れる。

5 縫い代をアイロンで割る。

6 バイアステープを表に返し、身頃の
裏面と合わせる。

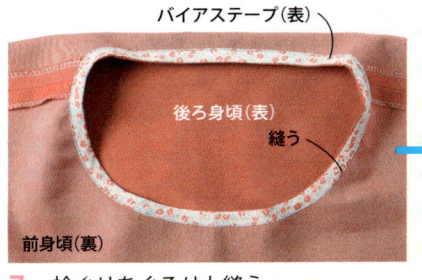
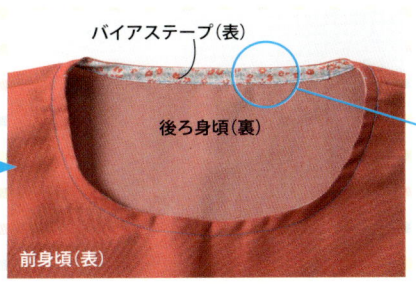
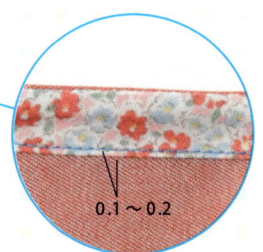

7 衿ぐりをぐるりと縫う。

マンダリンカラーの
ピンタックシャツ

ほのかにあどけなさが残る、ゆったりし
たシャツ。小さな衿と太めのカフスが、
ルーズな雰囲気を引きしめ、きちんとし
た印象を与えます。細かいプリントや
ボーダーの布もおすすめですが、無地に
すると、胸元のピンタックがさらに引き
立ちます。

【pin tuck】ピンタック

ごく細いタックのこと。一定の間隔でタックを
つまみ、その折り山を縫う。

【mandarin collar】マンダリンカラー

「スタンドカラー」の一種。中国清朝の官吏
(mandarin)が着用した服に見られる幅の狭い
まっすぐな立ち衿のこと。中国服に由来する
「チャイニーズカラー」、毛沢東に由来する「マ
オカラー」と同じ。

E
マンダリンカラーのピンタックシャツ

実物大型紙　［2面／E］
前身頃　後ろ身頃　衿　カフス

※Mの型紙はS〜M兼用、Lの型紙はL〜LL兼用になっています。

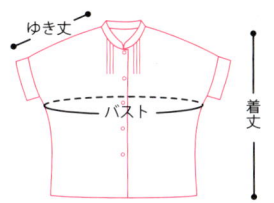

難易度LEVEL ★★★★☆

でき上がり寸法（ M / L ）
バスト…133/137 cm
ゆき丈…35/36 cm（カフスを含む）
着丈……63 cm（2サイズ共通）

●材料
綿ローンの刺しゅうボーダー…112cm幅 200cm
接着芯…92cm幅 30cm
直径1cmのボタン…5個
ミシンスパン糸 #60

※布と接着芯の用尺は2サイズ共通。
※柄合わせが不要な布を使用する場合は、112cm幅は180cm、
　140cm幅は170cmを目安に購入してください。
※道具はP.7〜10を参照してください。

綿ローンの刺しゅうボーダー

ボーダー（border）とは、本来「縁」という意味で、布地では布幅の片側にプリントや刺しゅうなどがほどこされたものをいう。この作品には、綿ローンの他に、綿ボイルやガーゼ、ブロード、薄手の麻などもおすすめ。

●裁ち合わせ図

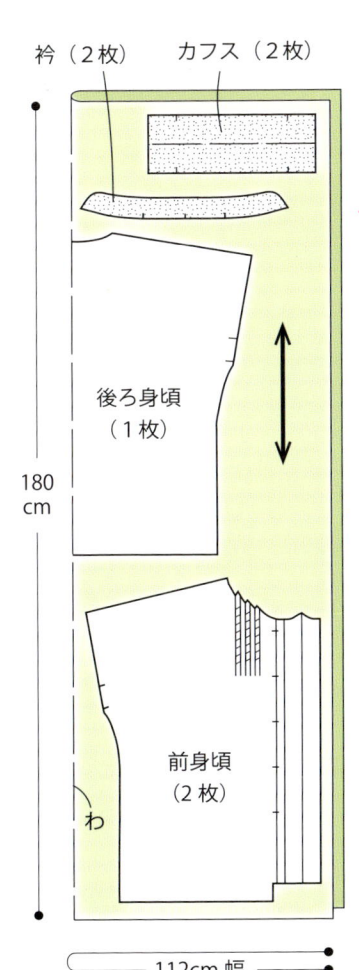

作品のようなボーダーの布は、よこ地に裁断します。

柄合わせが不要な無地や細かい柄物の布は、たて地に裁断します。

＊ ▨▨▨ は接着芯を貼る

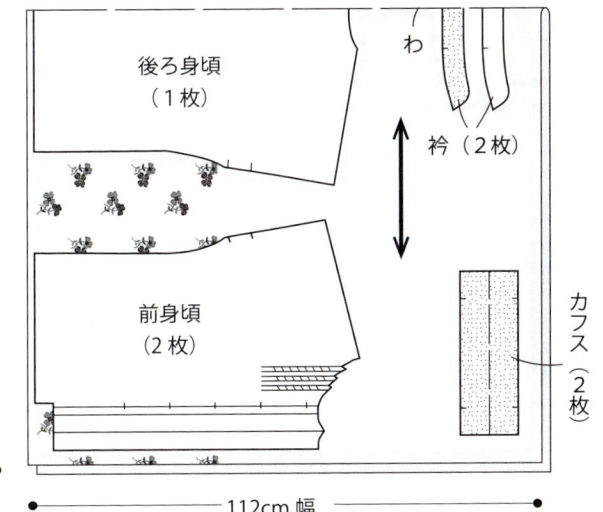

●作り方順序

1 縫う準備をする
2 ピンタックを縫う
3 見返しを始末する
4 肩と脇を縫う
5 裾を始末する
6 カフスを作り、つける
7 衿を作り、つける
8 ボタンホールを作り、ボタンをつける

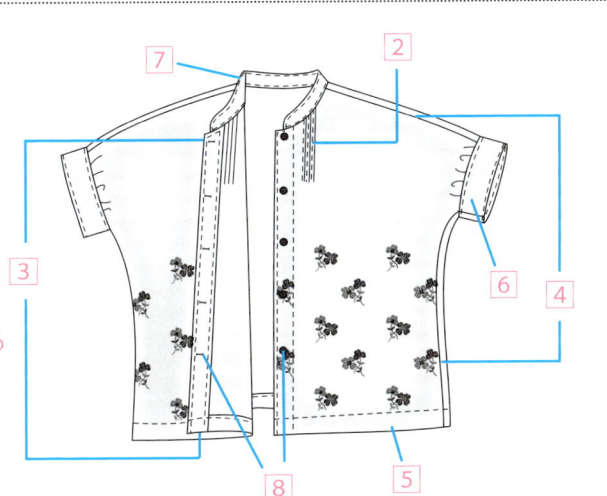

1 縫う準備をする

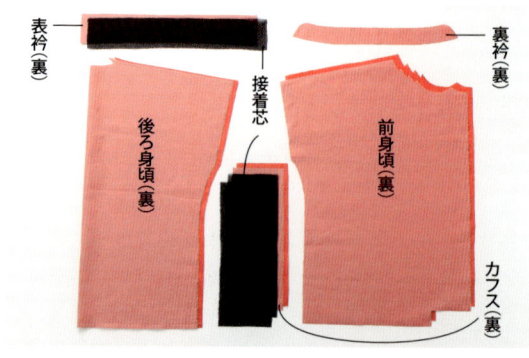

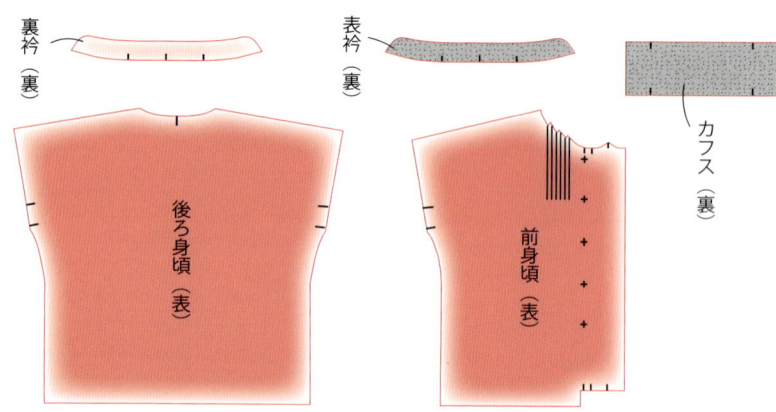

1 後ろ身頃、前身頃、カフス、裏衿を裁断する。表衿は接着芯を貼るので、粗裁ちする。

2 表衿は接着芯を貼ってから裁断する。カフスにも接着芯を貼る。身頃は表から、その他のパーツは裏からチャコペンで印をつける。

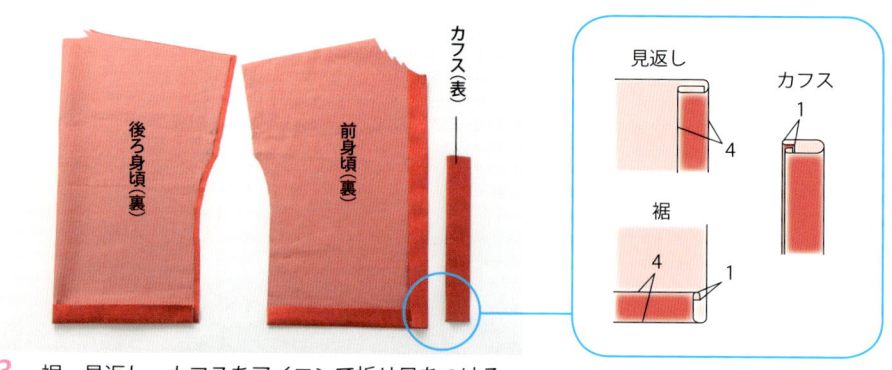

3 裾、見返し、カフスをアイロンで折り目をつける。

2 ピンタックを縫う

1 前中心側のピンタックを外表に折る。

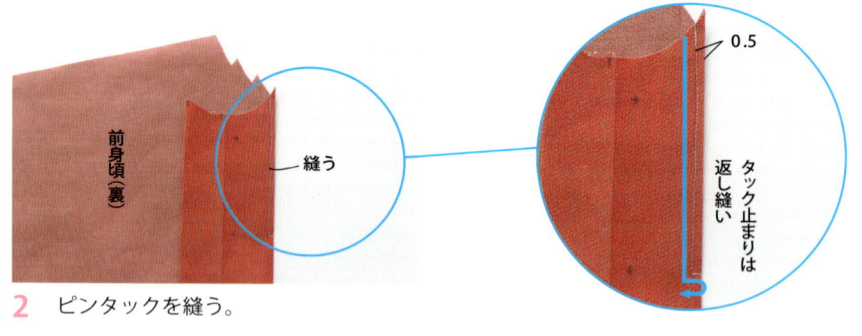

2 ピンタックを縫う。

3 同様に、残り2本のピンタックを縫い、アイロンで脇側に倒す。

3 見返しを始末する

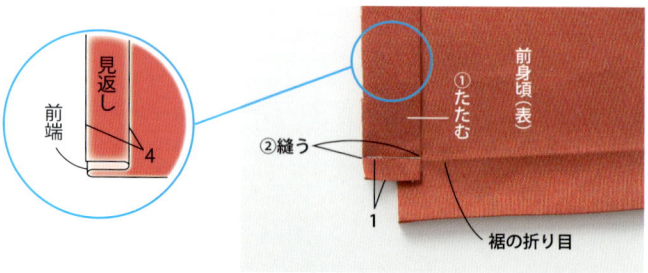

1 見返しを 1-3 の折り目とは逆に折り、見返しの裾を縫う。

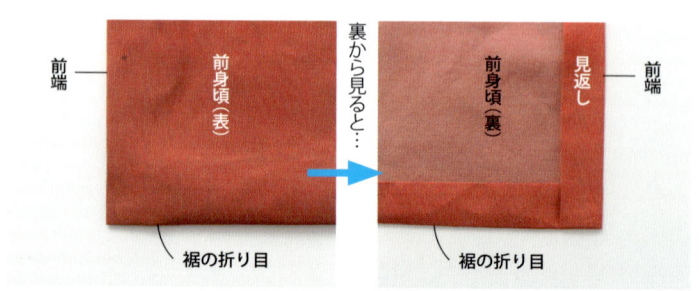

2 見返しの裾を表に返す。

※写真では、わかりやすく説明するために、作品と違う布と糸を使用しています。

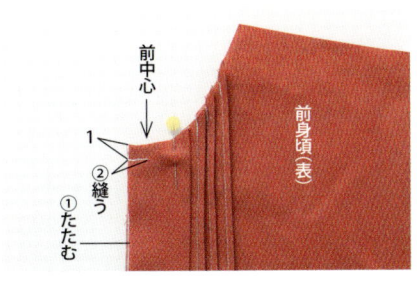

3 裾と同様に、衿ぐり側の見返しを折り、前中心の印（ボタンつけ位置の真上の印）まで縫う。

前身頃（表）
前中心
① たたむ
② 縫う
1

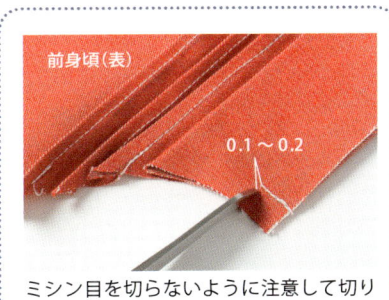

前身頃（表）
0.1～0.2

ミシン目を切らないように注意して切りましょう。

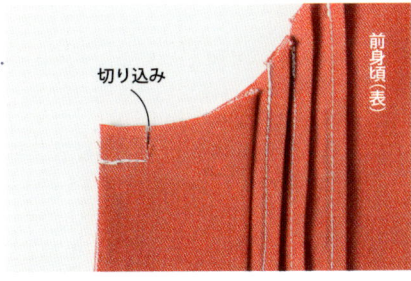

切り込み
前身頃（表）

4 前中心の真上の縫い代に、切り込みを入れる。

LESSON*3 ● パターンソーイング【ピンタックシャツ】

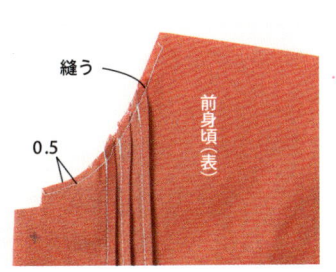

角は目打ちを使って引き出します。

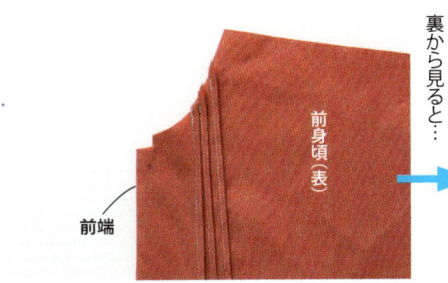

前身頃（表）
裏から見ると…
前身頃（裏）
前端
前端

5 見返しを表に返し、アイロンで形を整える。

縫う
前身頃（表）
0.5

ここで衿ぐりを縫うのは、衿をつけるときに、タックの折り山が裏返ったりしないように固定させておくためです。

6 タックの衿ぐり側を縫う。

4 肩と脇を縫う ※ここでは、袋縫いで縫い代を始末します

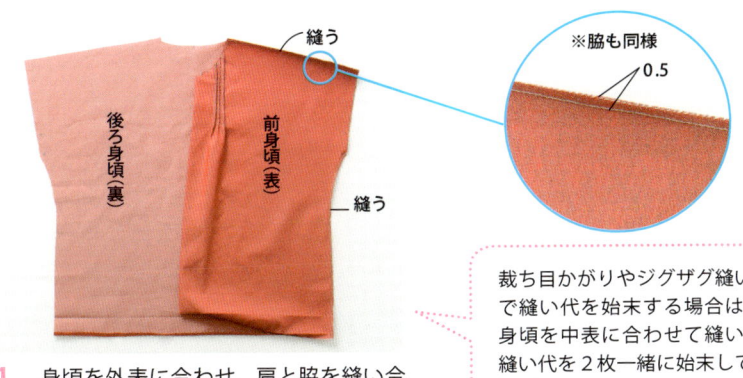

後ろ身頃（裏）
前身頃（表）
縫う
縫う

※脇も同様
0.5

1 身頃を外表に合わせ、肩と脇を縫い合わせる。

裁ち目かがりやジグザグ縫いで縫い代を始末する場合は、身頃を中表に合わせて縫い、縫い代を2枚一緒に始末してください。

縫い代の始末のテクニック
袋縫い

袋縫いとは、縫い代を袋状に縫って、布の裁ち端を隠すテクニックです。薄地～普通地のほつれやすい布や、ていねいに仕上げたい場合に適しています。

縫い代の始末の仕方としては、裁ち目かがりやロックミシンよりもワンランク上の仕立てですが、ひと手間かかるだけで、むずかしいテクニックではありません。これを機会に、ぜひチャレンジしてみてください。

袋縫いの断面

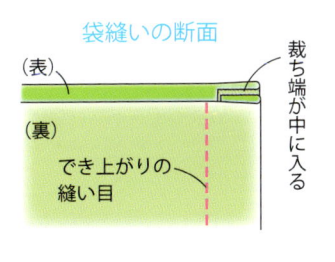

（表）
（裏）
裁ち端が中に入る
でき上がりの縫い目

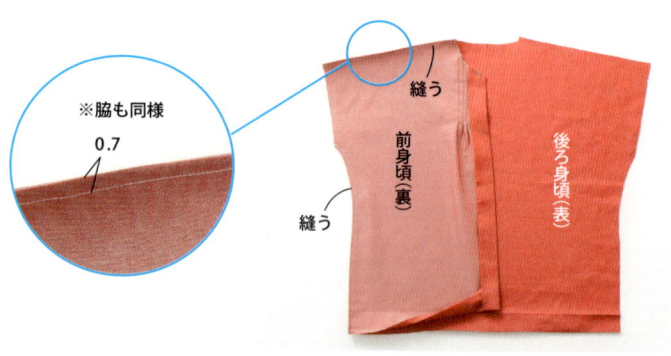

2 縫い代をアイロンで割って裏に返し、布端から0.7cm内側を縫う。

3 縫い代を後ろ身頃側に倒し、表に返す。

⑤ 裾を始末する

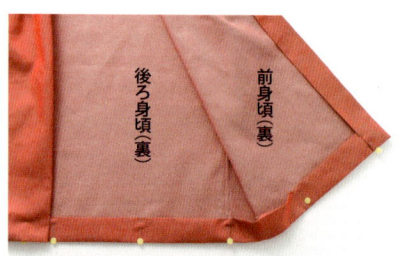

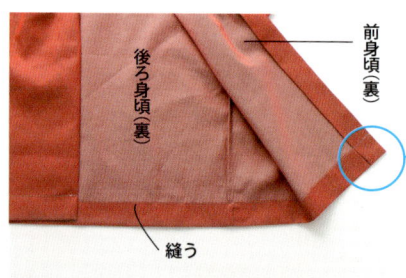

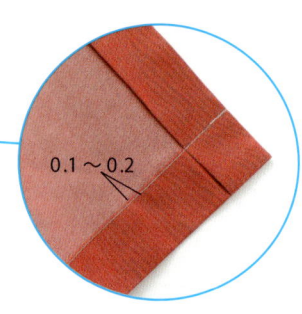

1 裾を①-3の折り目どおりに折る。

2 裾を縫う。

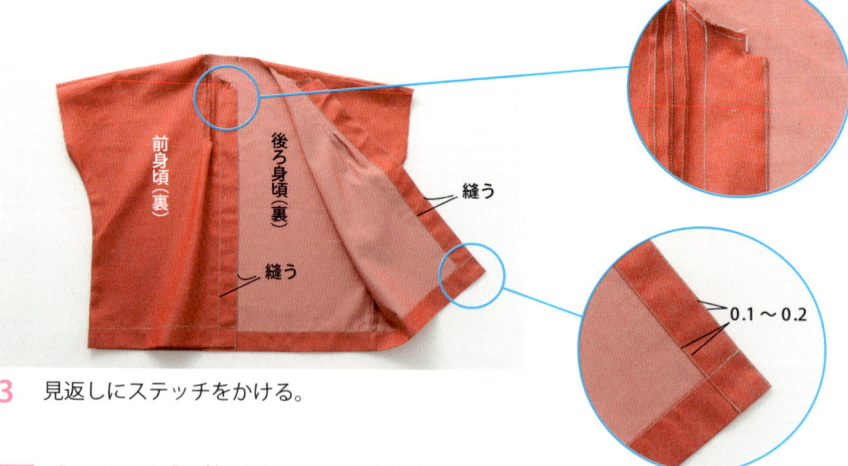

3 見返しにステッチをかける。

⑥ カフスを作り、つける

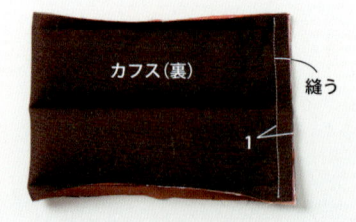

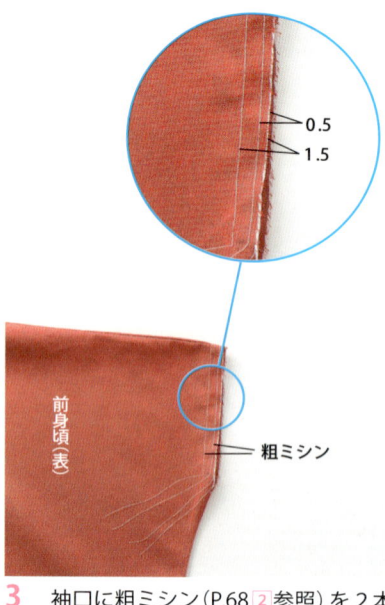

1 カフスを中表に折り、袖下を縫う。

2 縫い代をアイロンで割る。

3 袖口に粗ミシン（P.68 ②参照）を2本かける。

4 粗ミシンの糸を引っぱり、ギャザーを寄せる。

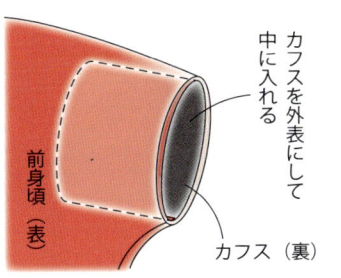

カフスを外表にして中に入れる
カフス（裏）
前身頃（表）

5 身頃の袖口の中にカフスを入れる。

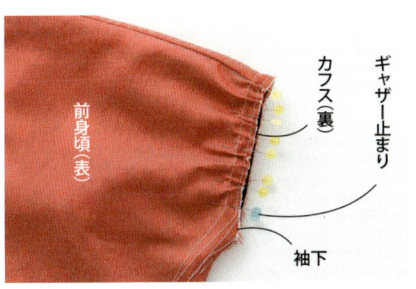

ギャザー止まり
カフス（裏）
前身頃（表）
袖下

6 身頃とカフスをまち針でとめる。まち針は袖下とギャザー止まりを合わせてから、その間をとめていくとよい。

袖口をアームに差し入れ、目打ちでギャザーを送りながら縫うとよいでしょう。

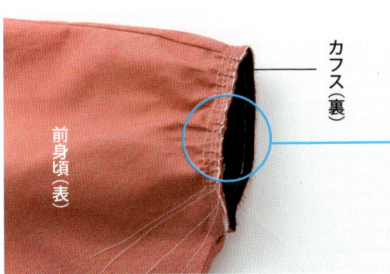

カフス（裏）
前身頃（表）
ギャザーミシンの間を縫う
1

7 カフスと身頃を縫い合わせる。

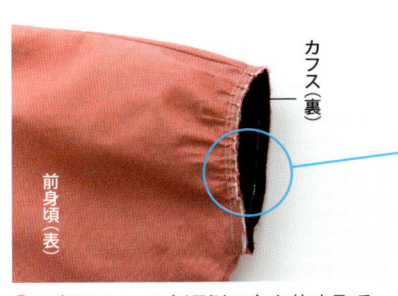

カフス（裏）
前身頃（表）

8 粗ミシンの身頃側の糸を抜き取る。

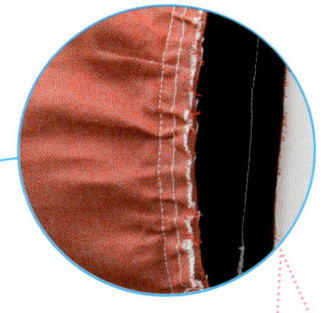

縫い代側の粗ミシンは、カフスで隠れるので、抜き取らないでOK！

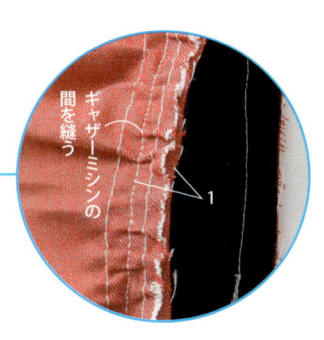

前身頃（表）
カフス（表）

9 カフスを身頃から引き出して表に返す。① -3の折り目どおりに折り、身頃の縫い代にかぶせる。

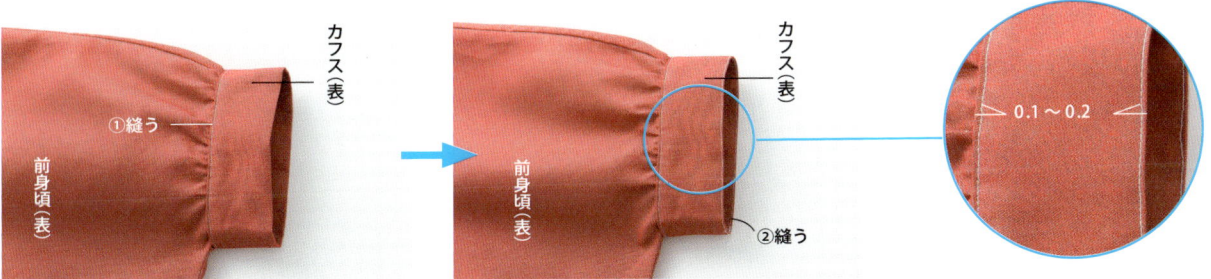

前身頃（表）
①縫う
カフス（裏）

前身頃（表）
カフス（表）
②縫う

0.1〜0.2

10 身頃とカフスをステッチで縫い合わせ、カフスの袖口側にもステッチをかける。

7 衿を作り、つける

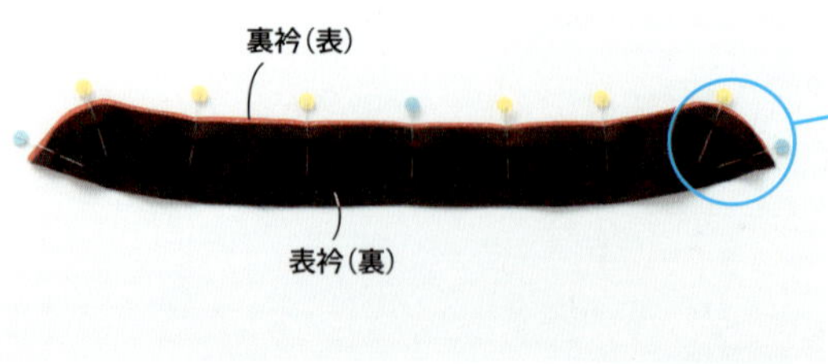

裏衿(表)

表衿(裏)

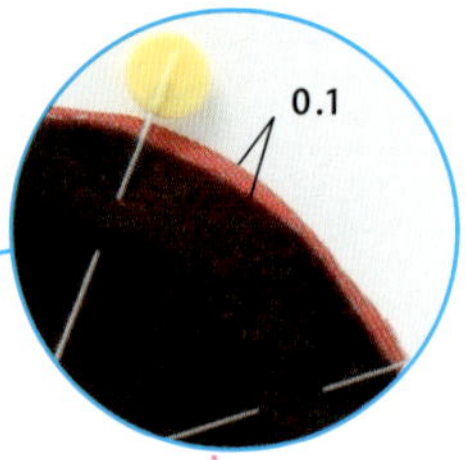

0.1

1 　表衿と裏衿を中表に合わせ、まち針でとめる。このとき、表衿を 0.1cm ひかえてとめる。

表衿をひかえて合わせると、表衿が裏衿より大きくなり、ゆとりができます。
表衿と裏衿を縫い合わせて表に返したとき、衿外まわりの縫い目が表側に見えないように仕立てられます。

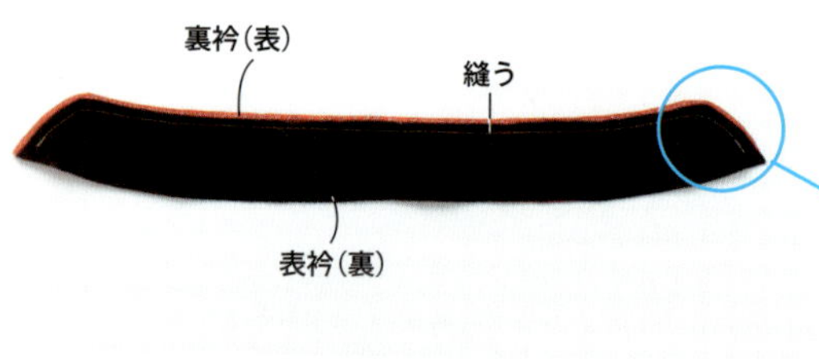

裏衿(表)　　　縫う

表衿(裏)

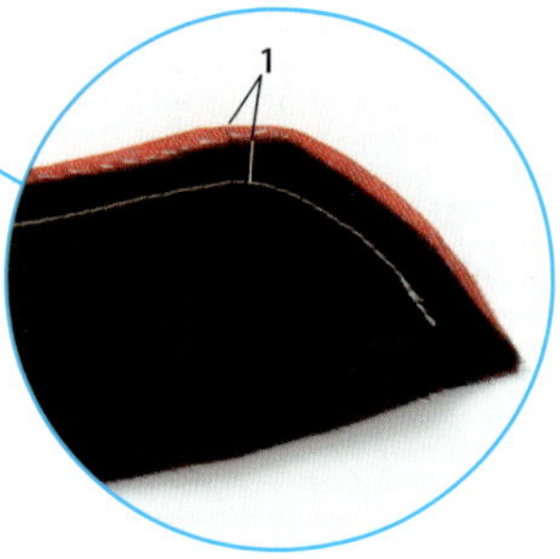

1

2 　衿外まわりを縫い合わせる。

0.5

表衿(裏)

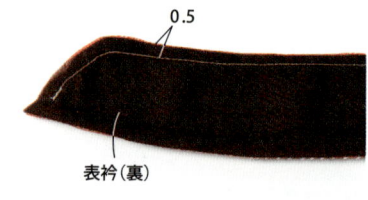

3 　衿外まわりの縫い代を 0.5cm に切りそろえる。

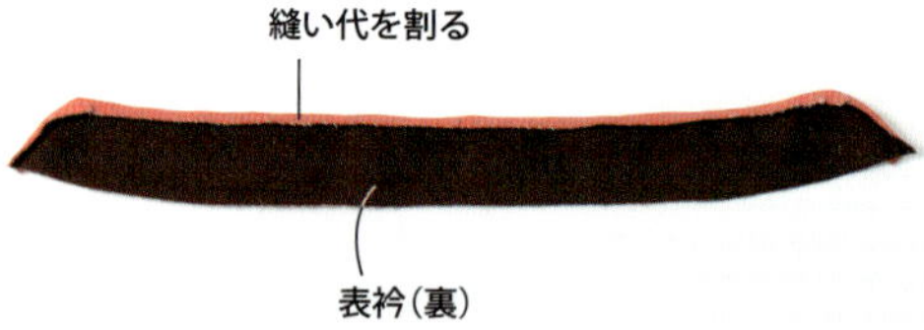

縫い代を割る

表衿(裏)

4 　衿外まわりの縫い代をアイロンで割る。

カーブがきれいに割れないときは、厚紙でカーブの型紙を作りましょう(P.31 参照)。

表衿(裏)

裏衿(表)

1　　　表衿のみ折る

5 　表衿の衿ぐりをアイロンで折る。

表衿(表)

裏衿(裏)

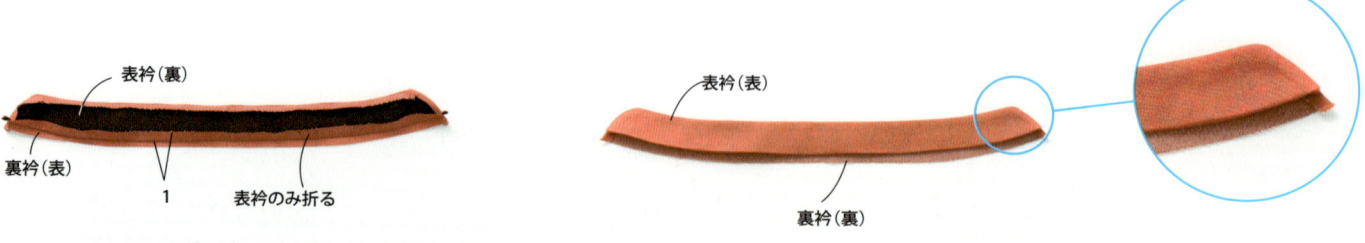

6 　衿を表に返す。

MINI COLUMN

表衿と裏衿の話

スタンドカラーは、その名のとおり立ち上がった衿のことで、体に触れる面が裏衿となります。

シャツカラーは、衿を折り返して着る(衿腰がある)ので、スタンドカラーとは衿の表裏が違います。

他の本でシャツカラーの服を作るときは、注目してみてください。

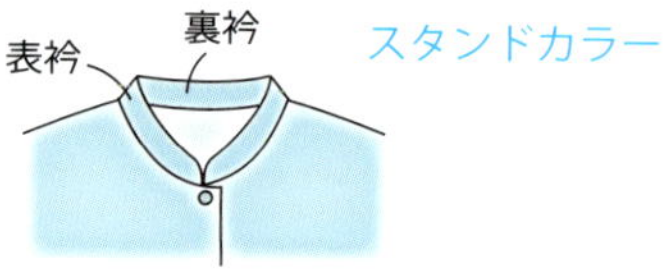

表衿　　裏衿　　スタンドカラー

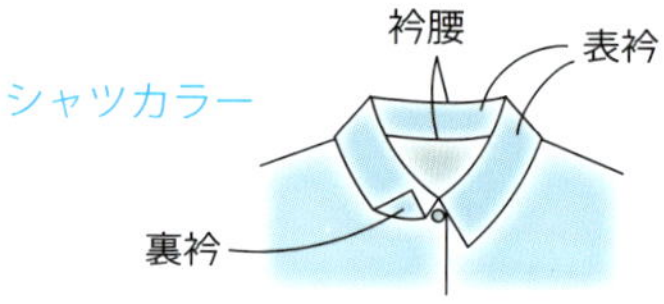

衿腰　　表衿
シャツカラー
裏衿

※いずれも表面に出て、外から見える面が表衿となる。

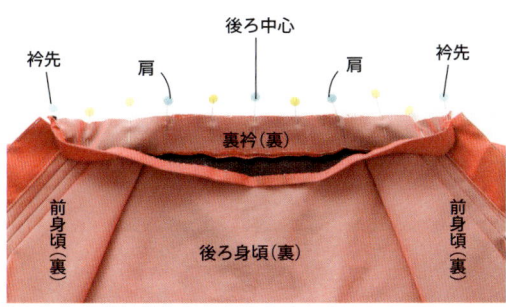

7 裏衿と身頃の衿ぐりを合わせ、まち針でとめる。まち針は衿先、後ろ中心、肩の合い印をとめてから、その間をとめる。

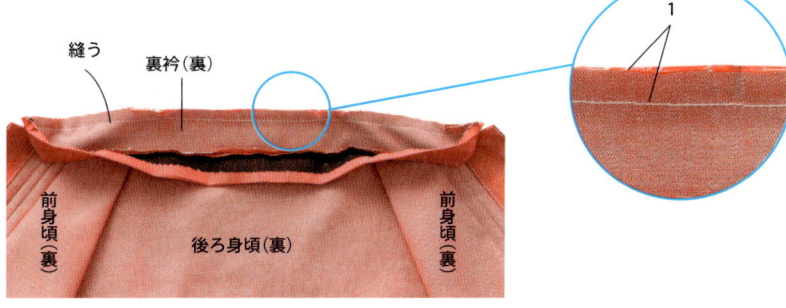

8 裏衿と身頃の衿ぐりを縫い合わせる。

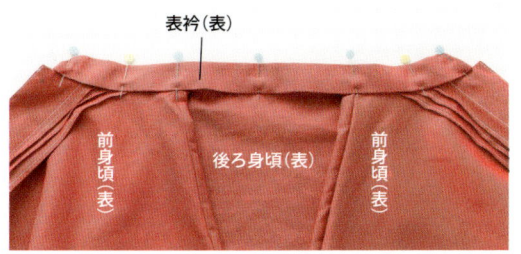

9 表衿を 7-5 の折り目どおりに縫い代を折り、表衿を身頃にかぶせて、まち針でとめる。

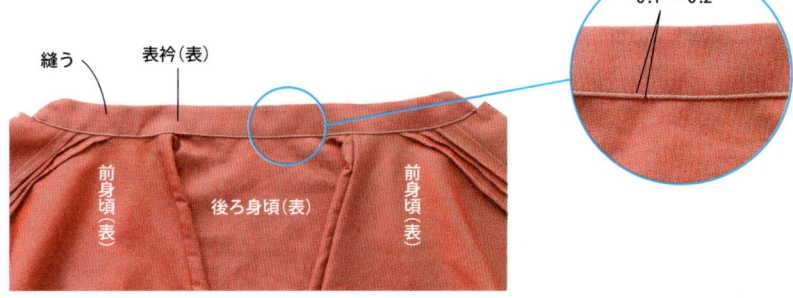

10 表衿をステッチで縫いとめる。

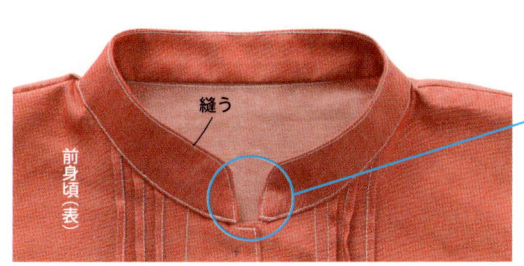

11 衿外まわりにステッチをかける。

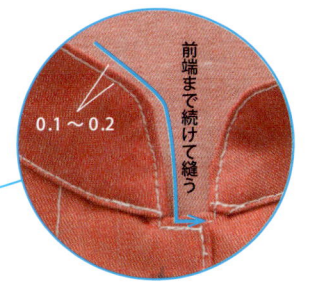

ボタンの印が消えていたら、シャツに型紙をあてて、印をつけ直せば大丈夫。

8 ボタンホールを作り、ボタンをつける

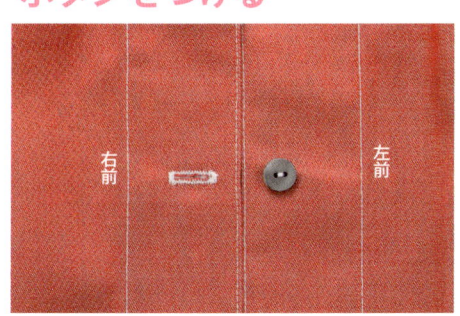

ボタンホールを作り、ボタンをつける。
➡ **ボタンホール・ボタンのつけ方は P.29 参照**

MINI COLUMN

ボタンの位置をアレンジ！

ボタンホールを作る前に、ボタンをシャツの上に置いて、ボタンの位置を確認してみましょう。ボタンの大きさやデザインによっては、型紙のつけ位置ではないほうが、ステキに見えるかもしれません。はじめてさんでも気軽にできるアレンジなので、ぜひ試してみてください。

小さいボタンを
2個ずつならべても
かわいいですよ！

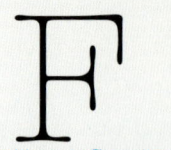

Pattern Sewing

ラグランスリーブの
カットソー

青い大きなドットが個性的な、ゆったりとした
カットソー。ラグランスリーブの切り替えを利用
して、シームポケットをつけてみました。体にな
じみやすいニット地は着心地もバツグン。ヘビー
ローテーション間違いなしのアイテムです。

【raglan sleeve】**ラグランスリーブ**

衿ぐりから脇にかけて斜めの切り替え線を入れ、
肩部分とひと続きになった袖のことをいう。19
世紀半ば、英国のラグラン将軍が考案したとさ
れている。

【seam pocket】**シームポケット**

「seam」は「縫い目」という意味。身頃やスカー
トの切り替えや脇の縫い目を利用したポケット
のこと。

F
ラグランスリーブのカットソー

実物大型紙 ［2面／F］
前身頃　後ろ身頃　袖　衿ぐり布　袖口布　裾布

※Mの型紙はS～M兼用、Lの型紙はL～LL兼用になっています。

難易度LEVEL ★★★★★

でき上がり寸法（ M / L ）
バスト……150/154cm
ウエスト…126/130cm
ゆき丈…… 39/40.5cm（衿ぐり布と袖口布を含む）
着丈……67.5cm（衿ぐり布と裾布を含む・2サイズ共通）

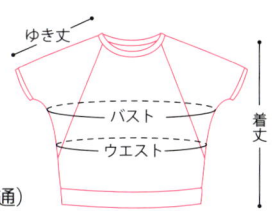

●材料
綿フライス（ドット）……165cm幅160cm
綿フライス（ホワイト）…150cm幅30cm
接着テープ…1.2cm幅110cm
ミシンスパン糸＃60

※布と接着テープの用尺は2サイズ共通。
※この作品はパーツが大きいので、
　140cm幅以上の布を使用してください。
※接着テープはストレッチ（伸縮性がある）
　タイプを使用してください（P.14参照）。
※道具はP.7～10を参照してください。

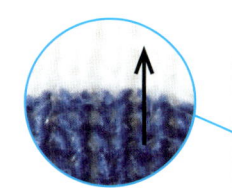

ニット地は、厚さや編まれた糸の太さなどでも、縫いやすさが変化します。初心者は、少し厚めで伸縮性の少ないニット地を購入しましょう。

綿フライス（ドット）

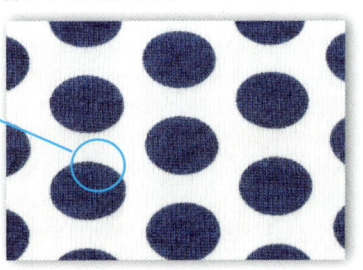

綿フライス（ホワイト）

一目ゴム編みで編まれたフライスは、よこに伸びやすいのが特徴。この作品に使用したフライスは少し厚手なので、比較的縫いやすい。その他におすすめのニット地は、メリヤス編みで編まれたスムースや天竺。接結（P.108参照）もおすすめ。

この作品は「伸縮縫い」で製作しています

ニット地用のミシン針＃11と普通地用の＃60の糸を使用して縫っています。伸縮縫いについては、P.23とP.28を参照し、作品を縫う前に試し縫いをしてください。

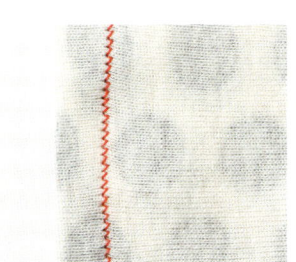

ミシンの自動設定で、普通地用の糸を使用した伸縮縫い。斜めの針目が特徴で、針目や斜めの振り幅は好みで調節できる。ちなみに、伸縮縫いでニット地用の糸を使用すると、きれいに縫えないので注意。

ミシンに「伸縮縫い」がない場合

「直線縫い」の機能で、ニット地用のミシン針と糸（P.11参照）を使用し、縫ってください。

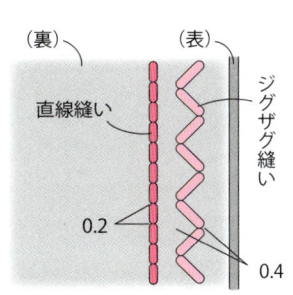

（裏）　（表）
直線縫い
ジグザグ縫い
0.2
0.4

直線縫いは、0.2cm程度の針目に設定する。上糸がつっぱるようだったら、糸調子をゆるめる。ジグザグ縫いで縫い代を始末する場合は、0.4cm程度の振り幅にするとよい。

縫いづらいときには テフロン押さえ

ミシンで縫っているときに、布がもたついたり、引っかかったりして縫い進められないときには、テフロン製の押さえ金を使いましょう。テフロンはすべりがよいので、布をスムーズに送ることができ、引きつれも起こりにくくなります。
テフロン押さえは、すべりにくいラミネート素材（P.95）などを縫うときにも活用できます。

ミシンとは別売りのテフロン押さえ。購入するときは、手持ちのミシンの型番を確認し、ミシンに合った押さえ金を購入しよう。

ニット地作品の布は、必ずニット地で

ニット地作品の型紙は、ニット地の伸縮性を考慮して製作しています。この作品の場合、織り地で作ると、裾布や衿ぐり布が身頃にきれいにつけられません。
他のソーイングの本でも、ニット地作品の型紙のほとんどは、伸縮性を考えて製作していますので、注意しましょう。

● 裁ち合わせ図

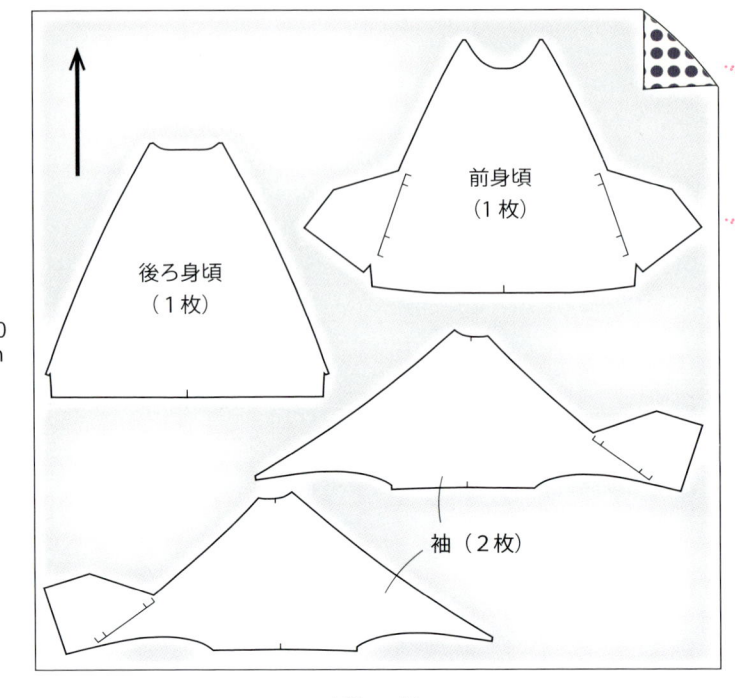

160 cm

後ろ身頃
（1枚）

前身頃
（1枚）

袖（2枚）

── 165cm 幅 ──

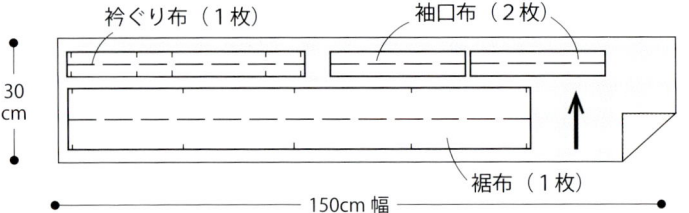

衿ぐり布（1枚）　　　　袖口布（2枚）

30 cm

裾布（1枚）

── 150cm 幅 ──

この型紙は、前身頃と袋布、袖と袋布が一体になっています。ちなみに、袋布とはポケットの内側の袋になる部分のことです。

ニット地は布目に上下があるので、型紙を一方向に配置するのが基本。この例では布を最小限に裁つために、身頃の型紙を開いた状態で配置しています。また、ニット地は織り地よりも布目がゆがんでいることが多いので、必ず地直し（P.20参照）してから裁断しましょう。

● 作り方順序

1　縫う準備をする

2　前身頃に袖をつける（ポケットを縫う）

3　後ろ身頃に袖をつける

4　袖下を縫う

5　裾布・衿ぐり布・袖口布をつける

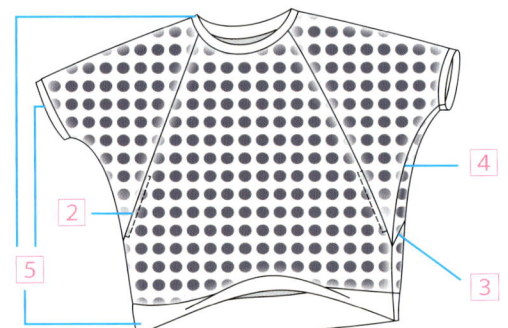

MINI COLUMN

**3ステップでかんたん！
ポケットをカットした
型紙にする方法**

まずは袖全体の型紙をハトロン紙に写し、それからポケット部分の型紙をカットするとスムーズです。

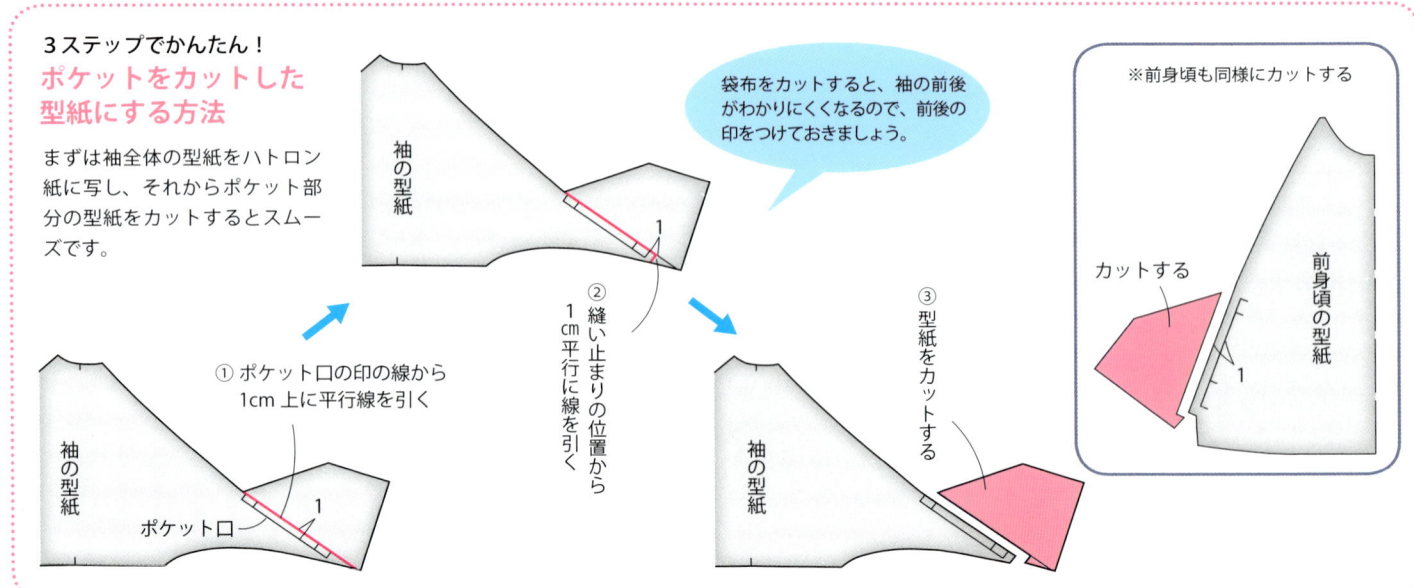

袋布をカットすると、袖の前後がわかりにくくなるので、前後の印をつけておきましょう。

① ポケット口の印の線から1cm上に平行線を引く

ポケット口

② 縫い止まりの位置から1cm平行に線を引く

③ 型紙をカットする

※前身頃も同様にカットする

カットする

前身頃の型紙

1 縫う準備をする

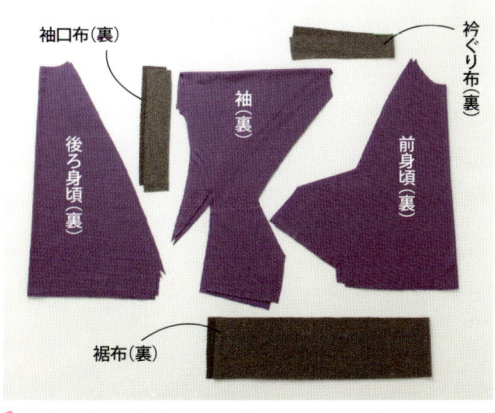

袖口布(裏)　衿ぐり布(裏)　袖(裏)　後ろ身頃(裏)　前身頃(裏)　裾布(裏)

1 前身頃、後ろ身頃、袖、袖口布、衿ぐり布、裾布を裁断する。

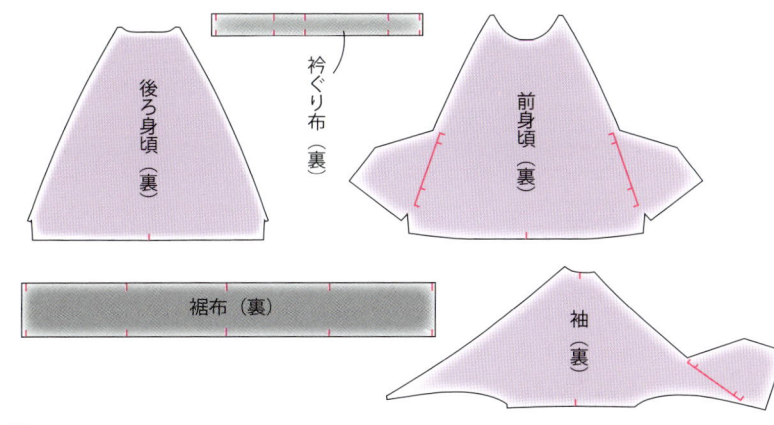

後ろ身頃(裏)　衿ぐり布(裏)　前身頃(裏)　裾布(裏)　袖(裏)

2 ポケット口、裾、衿ぐりの合い印をチャコペンで印をつける。

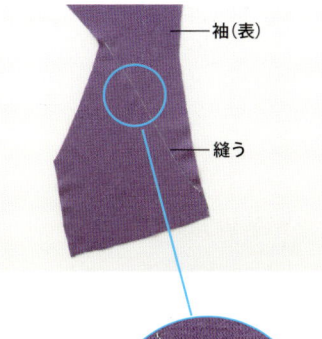

左ページのように、ポケットをカットした場合は、次ページの 3 後ろ身頃に袖をつけると同じ方法で前身頃と袖をつけてください。

接着テープ　前身頃(裏)　袖(裏)　接着テープ　印の中央に貼る

3 前身頃と袖のポケット口の上に接着テープを貼る。

2 前身頃に袖をつける（ポケットを縫う）

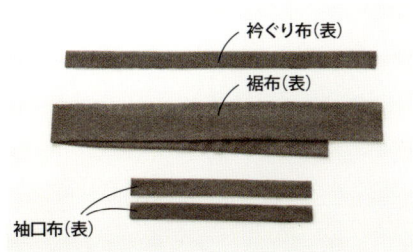

衿ぐり布(表)　裾布(表)　袖口布(表)

4 衿ぐり布、裾布、袖口布をアイロンで外表に二つ折りにする。

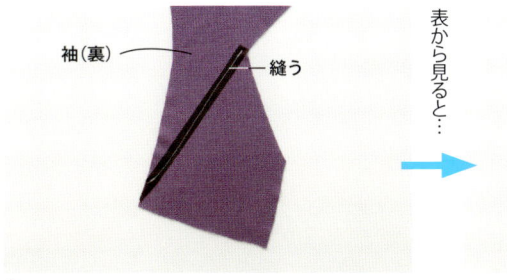

袖(裏)　縫う　表から見ると…　袖(表)　縫う　伸縮縫い

1 袖のポケット口の印の上に、補強でミシンをかける。

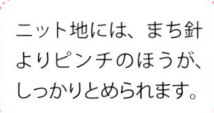

折る　前身頃(裏)

ニット地には、まち針よりピンチのほうが、しっかりとめられます。

2 前身頃のポケット口を印どおりに外表に折る。

※写真では、わかりやすく説明するために、作品と違う布と糸を使用しています。

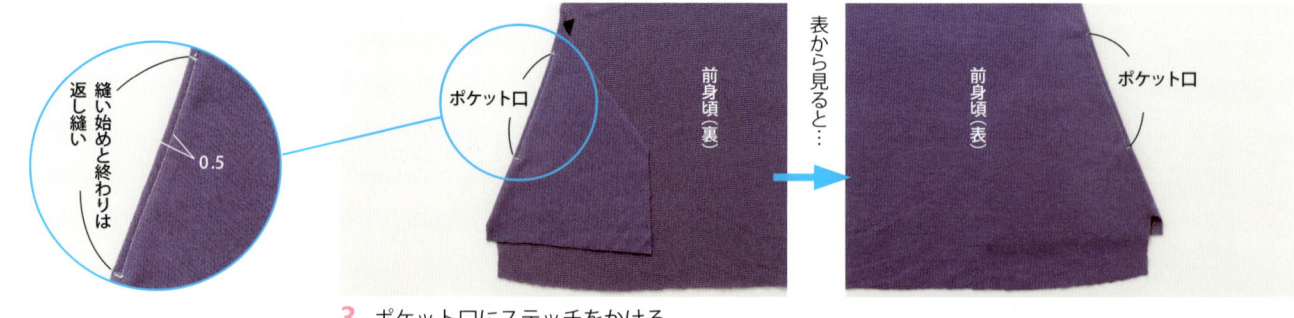

縫い始めと終わりは返し縫い

0.5

縫い始めと終わりは返し縫い

ポケット口

前身頃（裏）

表から見ると…

前身頃（表）

ポケット口

3 ポケット口にステッチをかける。

袖（裏）

前身頃（表）

4 前身頃と袖を中表に合わせ、ピンチでとめる。

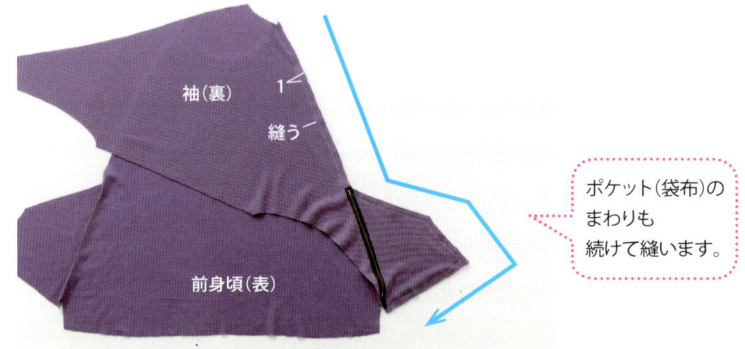

袖（裏）

1

縫う

前身頃（表）

ポケット（袋布）のまわりも続けて縫います。

5 前身頃と袖を縫い合わせる。

袖（裏）

1

縫う

前身頃（表）

6

前身頃側から見ると…

前身頃（裏）

6 ポケット口の上下の縫い目の上を縫う。

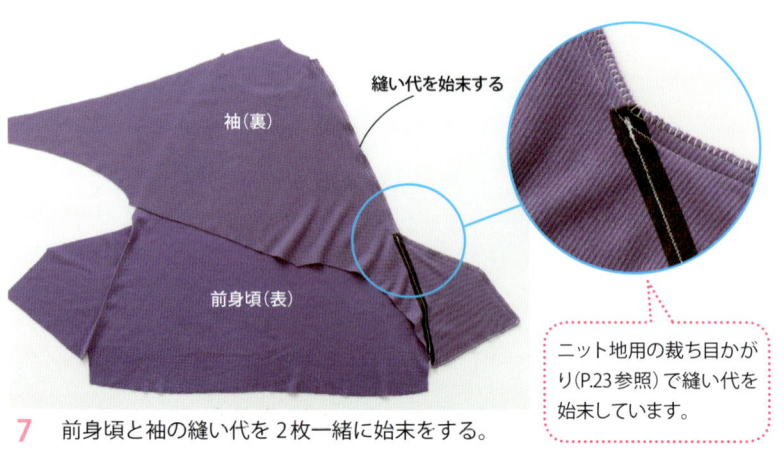

袖（裏）

縫い代を始末する

前身頃（表）

ニット地用の裁ち目かがり（P.23参照）で縫い代を始末しています。

7 前身頃と袖の縫い代を2枚一緒に始末をする。

③ 後ろ身頃に袖をつける

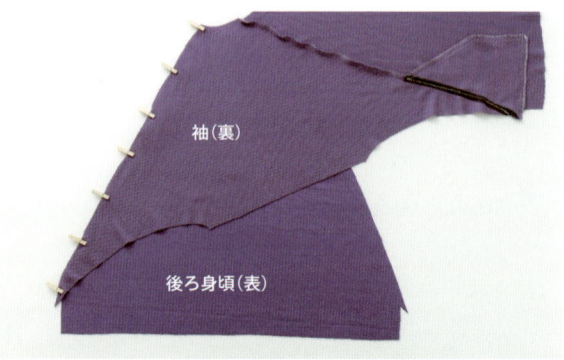

袖（裏）

後ろ身頃（表）

1 後ろ身頃と袖を中表に合わせ、ピンチでとめる。

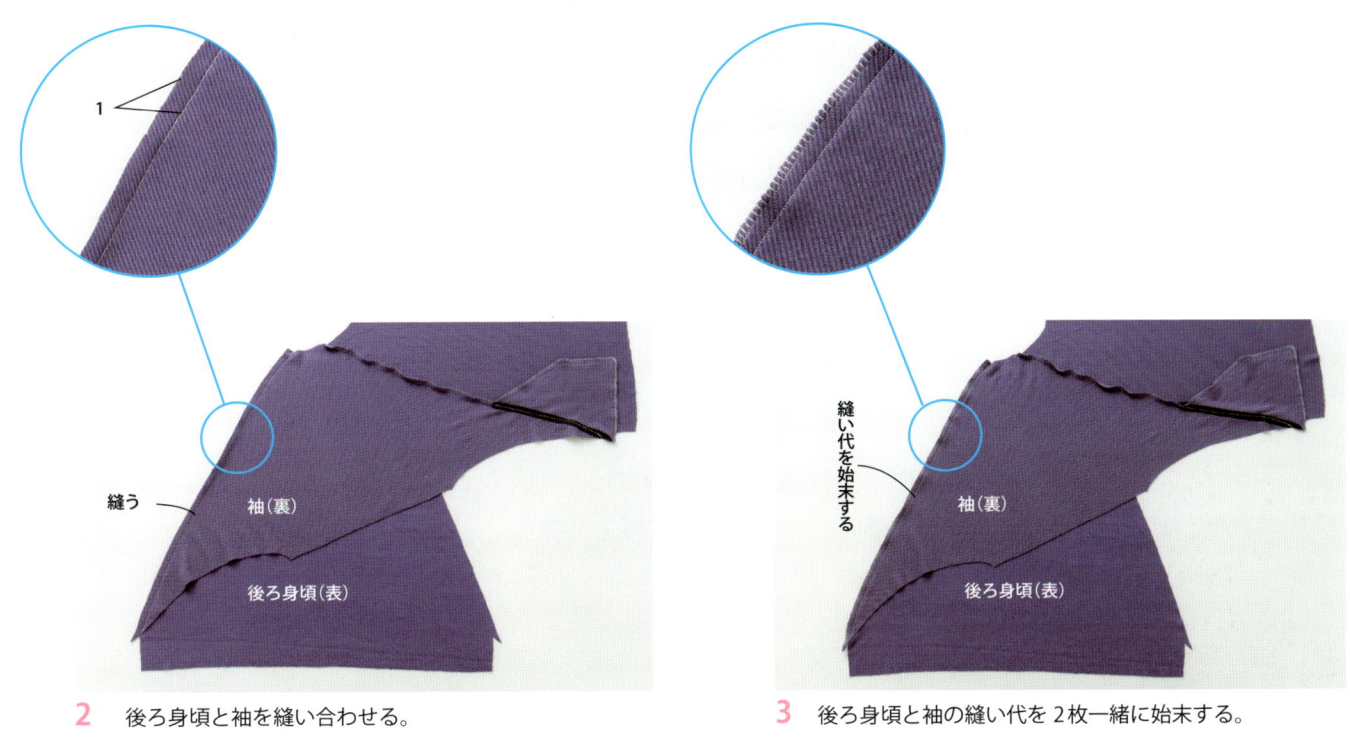

2 後ろ身頃と袖を縫い合わせる。

縫う

袖（裏）

後ろ身頃（表）

3 後ろ身頃と袖の縫い代を2枚一緒に始末する。

縫い代を始末する

袖（裏）

後ろ身頃（表）

④ 袖下を縫う

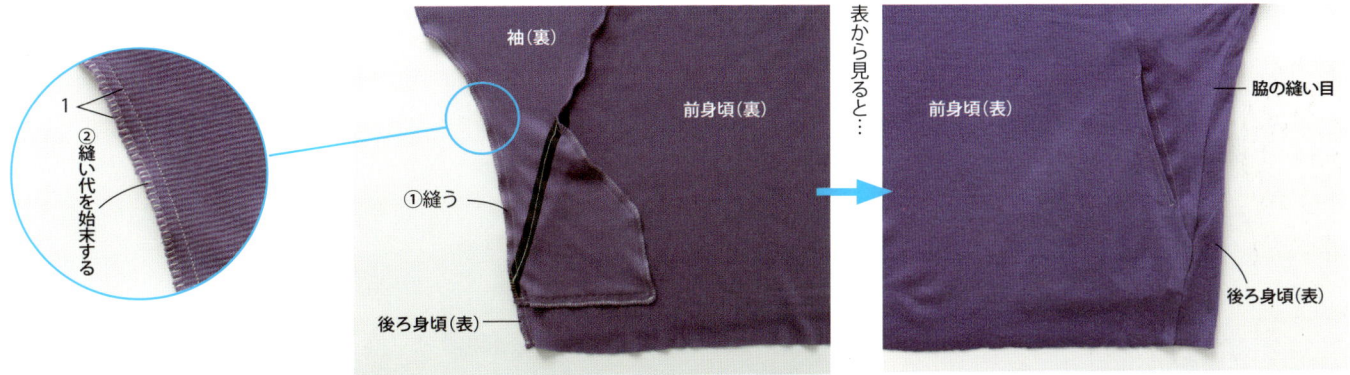

1

②縫い代を始末する

袖（裏）

前身頃（裏）

①縫う

後ろ身頃（表）

表から見ると…

前身頃（表）

脇の縫い目

後ろ身頃（表）

前後の袖と身頃を中表に合わせ、袖下と脇を続けて縫う。縫い代は2枚一緒に始末し、後ろ身頃側に倒す。

⑤ 裾布・衿ぐり布・袖口布をつける

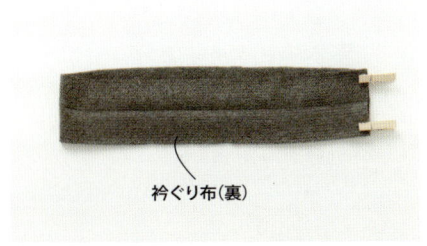

衿ぐり布（裏）

1 衿ぐり布を中表に二つ折りし、ピンチでとめる。

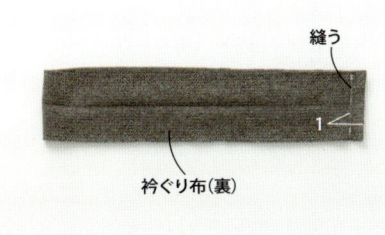

縫う

1

衿ぐり布（裏）

2 縫い合わせる。

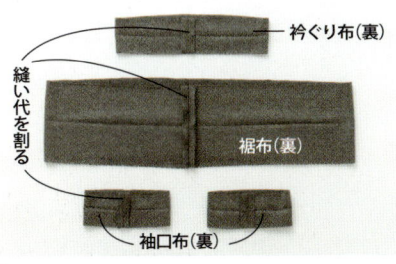

衿ぐり布（裏）

縫い代を割る

裾布（裏）

袖口布（裏）

3 裾布、袖口布も同様に縫い合わせ、縫い代をアイロンで割る。

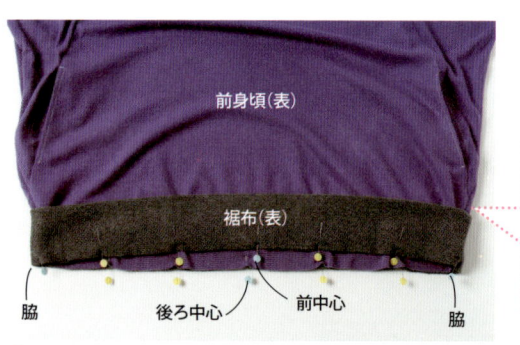

前身頃(表)

裾布(表)

脇　　後ろ中心　前中心　　脇

前身頃(裏)

縫い代が多少伸びても、上から押さえるようにスチームアイロンをかければ、縫い代が落ち着きます。

型紙は、裾布のほうが身頃より裾まわりが短くなっています。 裾布を少し伸ばしながら、身頃と長さが均等になるように調節しながらピンチでとめます。

※写真では、わかりやすいようにまち針を使用しています。

4 裾布を 1-4 の折り目どおりに折り、身頃の裾と3枚一緒に合わせる。ピンチは両脇と前後中心を合わせてから、その間をとめていく。

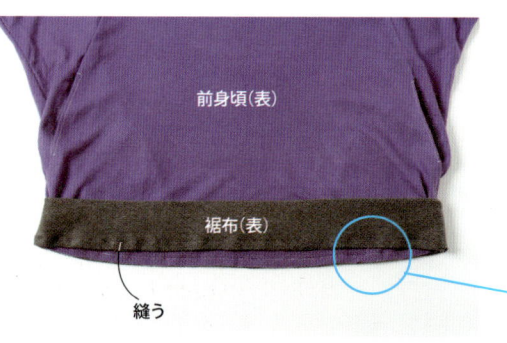

前身頃(表)

裾布(表)

縫う

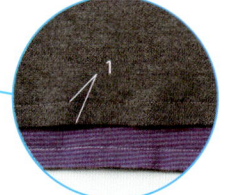

1

5 裾をぐるりと縫い合わせる。もっとも伸びやすい、よこ地を縫うので、なるべく伸ばさないように注意しながら縫う。

前身頃(表)

裾布(表)

縫い代を始末し、身頃側に倒す

6 身頃と裾布の縫い代を3枚一緒に始末し、身頃側に倒す。

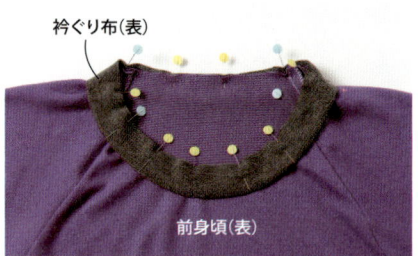

衿ぐり布(表)

前身頃(表)

7 衿ぐり布も同様に、身頃の肩の縫い目と衿の合い印を合わせる。

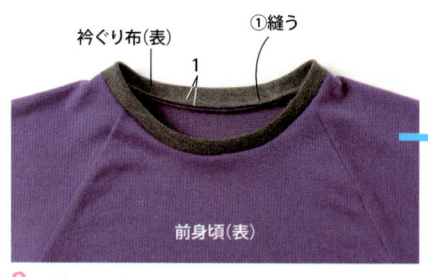

衿ぐり布(表)　　①縫う

1

前身頃(表)

衿ぐり布(表)　②縫い代を始末し、身頃側に倒す

前身頃(表)

8 衿ぐり布と身頃、3枚一緒に衿ぐりを縫い、縫い代を始末して身頃側に倒す。

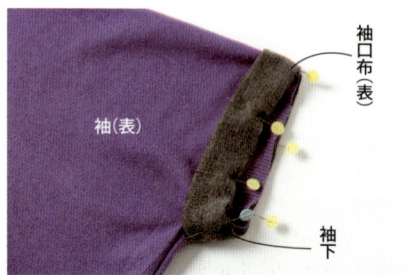

袖口布(表)

袖(表)

袖下

9 袖口布も同様に、最初に身頃の袖下と袖口布の縫い目を合わせる。

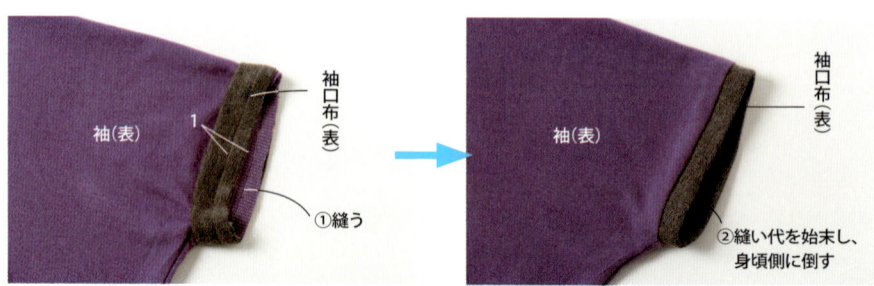

袖口布(表)

袖(表)

1

①縫う

袖(表)

袖口布(表)

②縫い代を始末し、身頃側に倒す

10 袖口布と身頃、3枚一緒に袖口を縫い、縫い代を始末して身頃側に倒す。

LESSON*3 ●パターンソーイング 【カットソー】

88

LESSON* 4
直裁ちソーイング

直裁ちとは、型紙を使わないで直接布に製図を引き、裁断すること。
この本の直裁ちは、初心者でもできるように、四角い布に直線を引いて裁つだけにしました。
まっすぐ線を引いて、まっすぐ縫うだけのソーイングです。工作気分で、気軽に楽しんでください。

G
Drafting Sewing

ウールの
Vネックポンチョ

プルオーバーとして気軽に着られるポンチョ
です。とてもシンプルなデザインなので、初
心者でもアレンジできるポイントがいっぱい。
レースやブレードを自由に組み合わせて、オ
ンリーワンのポンチョを作ってみてください。

【poncho】ポンチョ
もともと南米の先住民が着ていた毛織物の上着
のことで、布の中央に開けた穴に頭を通してか
ぶる。現在では世界中で愛用され、さまざまな
素材で作られている。

G
ウールのVネックポンチョ

難易度LEVEL ★★

でき上がり寸法（4サイズ共通）
身幅…約96m
着丈…64cm

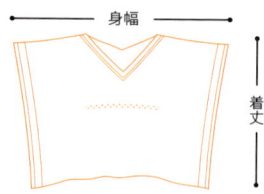

● 材料

圧縮ウール…135cm幅140cm
接着芯…40cm幅35cm
1.3cm幅のレース（衿ぐり）…90cm
4cm幅のレース（脇）…260cm
2cm幅のブレード…260cm
0.7cm幅のゴムテープ…68/70/72/74cm（S/M/L/LL）
ミシンスパン糸#60

※道具はP.7〜10を参照してください。
※ゴムテープ、レース、ブレードについては、
　P.15を参照してください。

圧縮ウール

うっすらと斜めに浮かび上がる織り糸が、独特な風合いを生み出しているウール地。適度な厚みがあり、初心者にも縫いやすい。ウール地の中では、中肉のツイードやフラノ、カシミアなどがおすすめ。

● 作り方順序

1 縫う準備をする
2 見返しをつける
3 裾と脇を始末する
4 ゴムテープをつける
5 脇を縫う

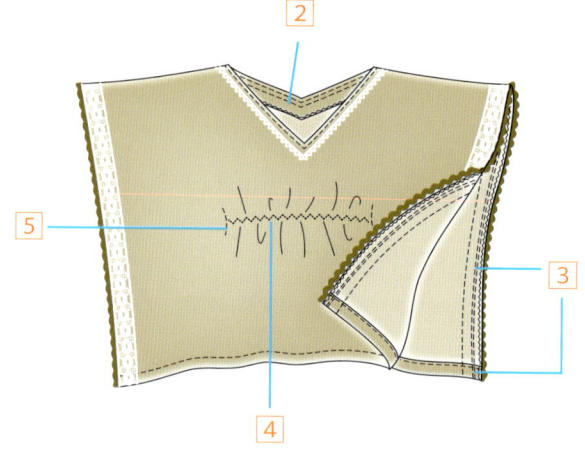

コットンやニット地で、春夏のブラウスやカットソーに仕立てるのもGOOD！

ゴムテープのつけ位置を変えてもOK。ベビー・ドール（アンダーバストに切り替えがあるトップス）のように、ゴムテープつけ位置を少し上にすると、かわいらしい雰囲気になります。

MINI COLUMN

ちょっとだけ
自分流アレンジ

この作品は、長方形の布の真ん中に穴を開けただけの、ごくシンプルな形です。布幅が身幅、長さが着丈になることさえ押さえておけば、かんたんに大きさを調節できます。

■＋8
（縫い代分）
cm

▲cm

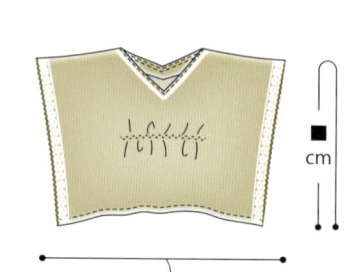

■
cm

▲＋2（ブレードのはみ出し分）cm

※ブレードのはみ出し分は、使用するブレードの幅によって異なる。

LESSON*4
● 直裁ちソーイング【ウールのポンチョ】

① 縫う準備をする

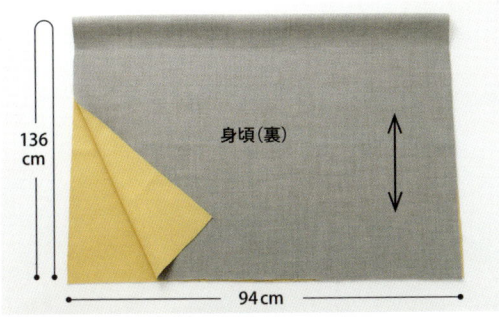

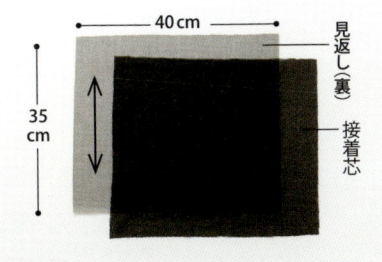

1 身頃（94×136cm）、見返し分の布（40×35cm）、見返しの接着芯（40×35cm）をカットする。衿ぐりのレース（90cm）、脇のレース（130cm×2本）、ブレード（130cm×2本）、ゴムテープもカットする。

ゴムテープの長さは **34**/**35**/**36**/**37**cm（**S**/**M**/**L**/**LL**）が目安です。2本分カットします。

接着芯は、P.22「接着芯を貼るパーツの裁断」と同じように、中心からすき間なくアイロンを当てて貼ります。

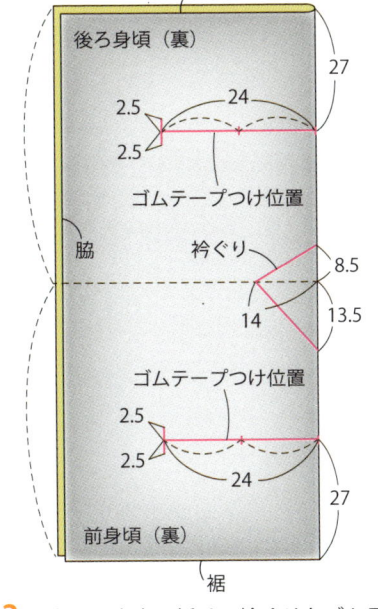

2 身頃を中表に折り、衿ぐりとゴムテープつけ位置に印を入れる。ゴムテープつけ位置には合い印も入れる。

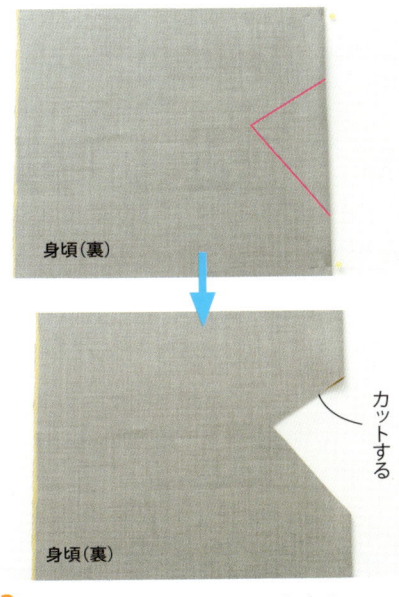

3 衿ぐりを印どおりにカットする。

4 見返しの裏に接着芯を貼る。

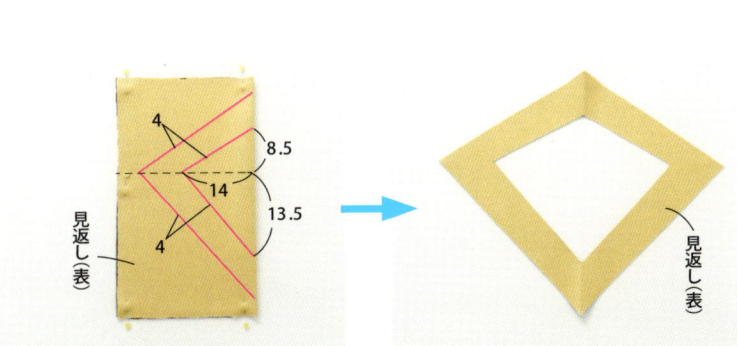

5 見返し分の布に印を入れてカットする。

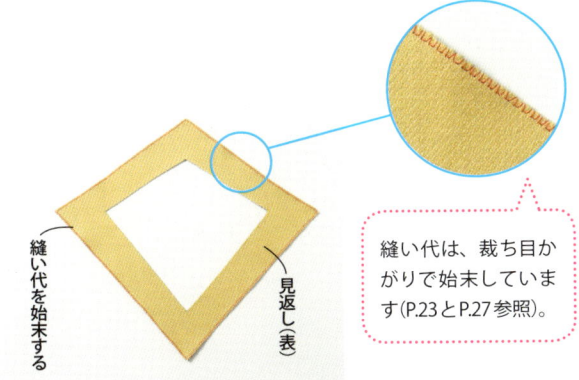

6 見返しの裁ち端の縫い代を始末する。

縫い代は、裁ち目かがりで始末しています（P.23とP.27参照）。

※写真では、わかりやすく説明するために、作品と違う布と糸を使用しています。

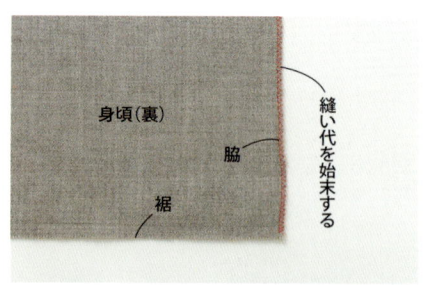

7 見返しと同様に、身頃の脇の縫い代を始末する。

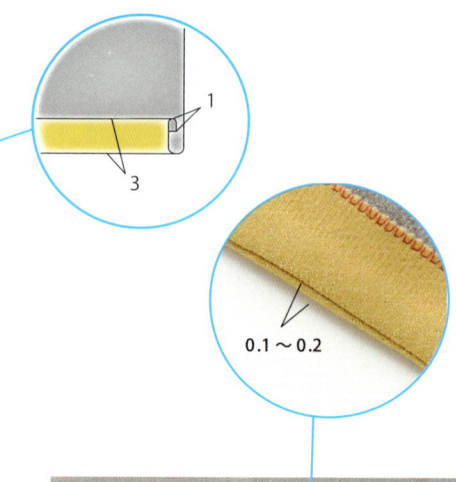

8 身頃の裾を三つ折りする。
➡ 三つ折りの仕方は P.31 参照

② 見返しをつける

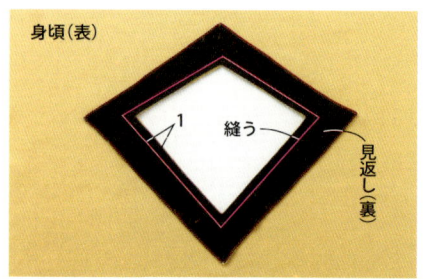

1 見返しと身頃を中表に合わせて衿ぐりを縫う。

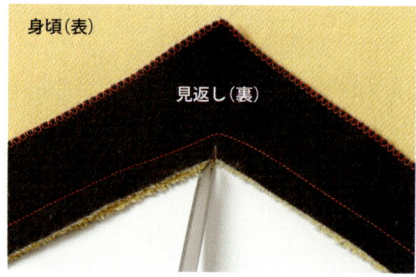

2 角の縫い代に切り込みを入れる。他の3つの角にも同様に切り込みを入れる。

3 見返しを表に返す。このとき、見返しが表から見えないように、0.1～0.2cmひかえて折る。

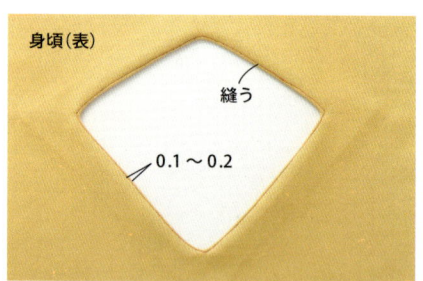

4 衿ぐりにステッチをかける。

5 衿ぐりにレースをのせる。レースの両端は1cm折り、つき合わせるとよい。

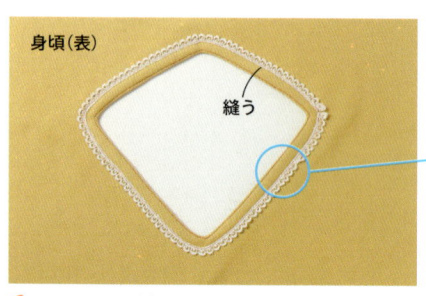

6 レースを衿ぐりに縫いとめる。

③ 裾と脇を始末する

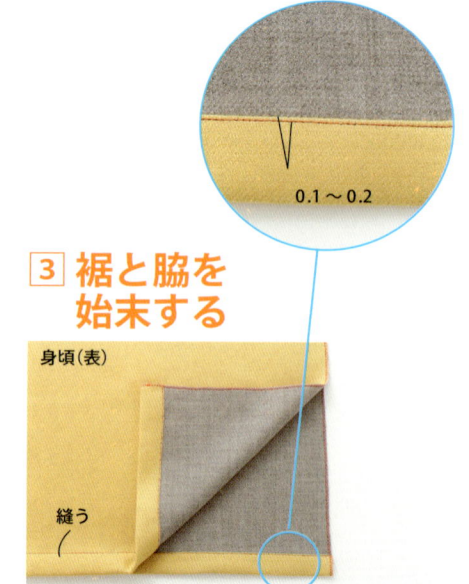

1 裾を①-8の折り目どおりに折って縫う。

2 脇の布端にブレードを重ねる。ブレードの両端は1cm折り、裾に合わせる。

図中: 身頃（表）　0.5〜0.7cm程度身頃と重ねる　端を折って裾に合わせる

3 ブレードを身頃に縫いとめる。

図中: 身頃（表）　縫う

ブレードやレースのつけ位置は、使用するブレードやレースの幅によって違います。各自でつけ位置を調節してください。

4 同様に、ブレードに重なるようにレースをのせる。

図中: 身頃（表）　端を折って裾に合わせる

5 レースの両端を身頃に縫いとめる。

図中: 身頃（表）　縫う

4 ゴムテープをつける

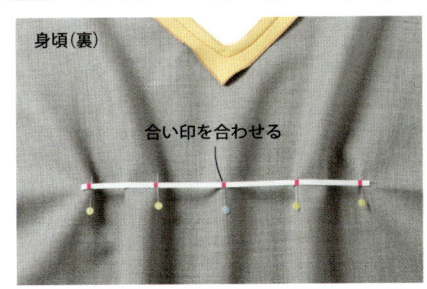

1 ゴムテープと身頃の合い印を合わせ、まち針でとめる。

図中: 身頃（裏）　合い印を合わせる

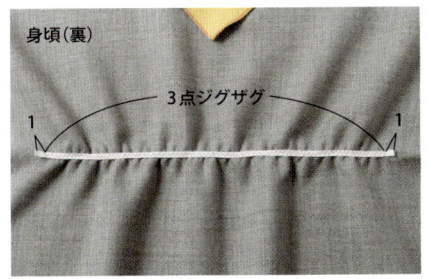

2 3点ジグザグ（P.23参照）でゴムテープを縫いつける。3点ジグザグの機能がない場合は、直線縫いで縫いつける。

図中: 身頃（裏）　3点ジグザグ　1　1

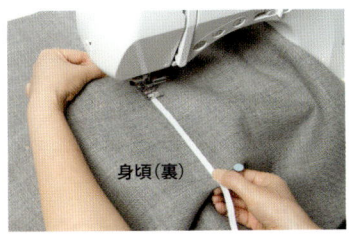

図中: 身頃（裏）

ゴムテープの長さと、ゴムテープつけ位置の長さが同じになるように、ゴムテープを伸ばしながら縫う。

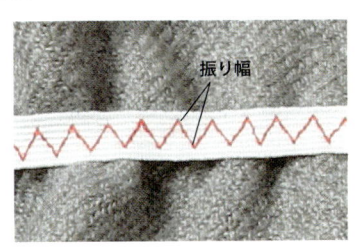

図中: 振り幅

3点ジグザグは、ゴムテープの幅に合わせて、ミシンの振り幅を調節するとよい。

5 脇を縫う

1 前身頃と後ろ身頃のゴムテープつけ位置止まりをまち針で合わせる。

図中: 身頃（表）　まち針でとめる

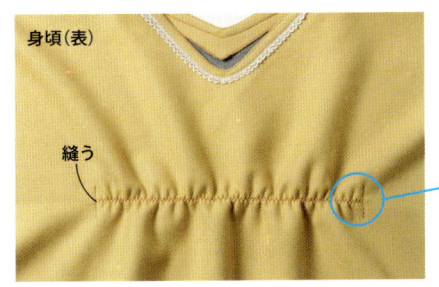

2 前身頃と後ろ身頃のゴムテープつけ位置止まりを縫い合わせる。

図中: 身頃（表）　縫う

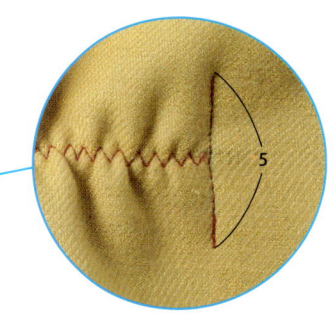

図中: 5

縦書き右側: LESSON*4　●直裁ちソーイング【ウールのポンチョ】

93

Drafting Sewing

ラミネート素材の
大きめトート

デイリーに使いたい、物がたっぷり入る
バッグ。落ち着いたトーンの布で作るのも
すてきですが、鮮やかなピンクをチョイス
してみました。ビビッドカラーは、気分も
明るくなるのでおすすめです。

【tote bag】トートバッグ
上の口が開いた、2本の提げひもつきのバッグ
の総称で、最近では略してトートと呼ばれるこ
とも多い。toteとは「運ぶ」という意味で、もと
もとは1944年に米国のL.L.Bean社が氷を運ぶ
ために開発したバッグが原型。

H
ラミネート素材の大きめトート

難易度LEVEL ★★★☆

でき上がり寸法
口幅……54cm
深さ……39cm
まち幅…16cm

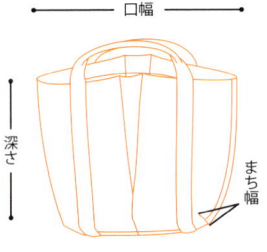

口幅
深さ
まち幅

●材料
綿麻キャンバスのラミネート…140cm幅60cm
4cm幅の麻ひも…270cm
ミシンスパン糸＃60

※ひも（持ち手）についてはP.15を参照してください。
※道具はP.7～10の道具の他に、セロハンテープを
　使用します。

綿麻キャンバスのラミネート

ラミネート素材は、ぬめりや光沢があり、防水・保湿効果などの効果もあるので、化粧ポーチやバッグの素材によく使われる。パワーがないお手頃価格の家庭用ミシンで縫う場合は、なるべく薄手のものを選ぶとよい。

ラミネート素材のアイロンと洗濯

基本的にはアイロンはNG。しわになってしまった場合は、ラミネートされていない裏面からアイロンをかけます。そのときは、必ず余り布で試しましょう。布に変化がなければアイロンをかけても大丈夫です。
水洗いも基本的にNG。汚れたら、なるべく早めにぬれぶきんでふき取りましょう。

> ラミネート素材を購入したら、折りたたんで保管するのはNG。しわにならないように、丸めておくのが鉄則！

コーティングとラミネートの違いって？

布地の加工方法でいうコーティングとは、合成樹脂などの加工材を均一に塗り、膜をつくる加工のこと。ラミネートは、プラスチックなどのフィルムやシートを合成樹脂や接着剤で貼りつけた加工をいいます。
手芸店やソーイングの本では、コーティングを「覆う」という意味でとらえ、ラミネート加工を「コーティング」と表現していることがあるようです。

> アイロンは低温に設定し、当て布をしましょう。

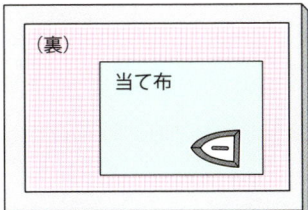

（裏）
当て布

ミシンの準備

ラミネート素材が縫いづらいのは、ラミネートされた面がミシン本体に貼りついて、布のすべりが悪くなるのが原因。シリコン材を利用すると、すべりがよくなり、作業がはかどります。もしくは、ミシン本体のまわりにコピー用紙やハトロン紙を敷くとすべりがよくなります。

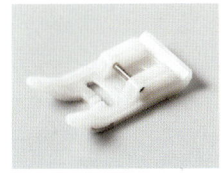

ラミネート素材を縫うときに欠かせないテフロン製の押さえ金（P.83参照）。ニット地の他に、ビニール素材や皮革など特殊素材を縫うときにも使える。

手芸店で売られているシリコン材。基本的には糸や針にふきかけて使用するものだが、写真のように布が通る場所にひとふきしておくと、布のすべりがよくなる。アイロンがけや編み機にも使える便利グッズ。

●作り方順序

1. 裁断する
2. 袋口を縫う
3. 底を縫う
4. ひもをつける
5. プリーツを縫う
6. 脇を縫う
7. まちを縫う
8. 袋口と持ち手を始末する

1 裁断する

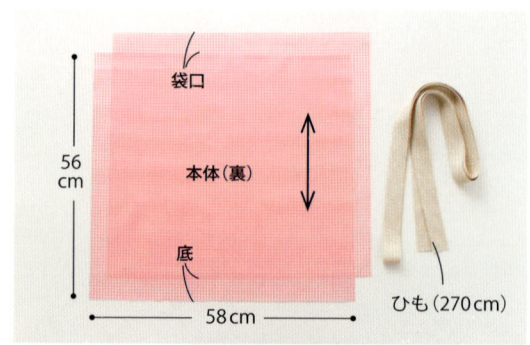

袋口
56 cm
本体(裏)
底
58 cm
ひも(270cm)

布(56×58cm)2枚と、ひも(270cm)1本をカットする。

2 袋口を縫う

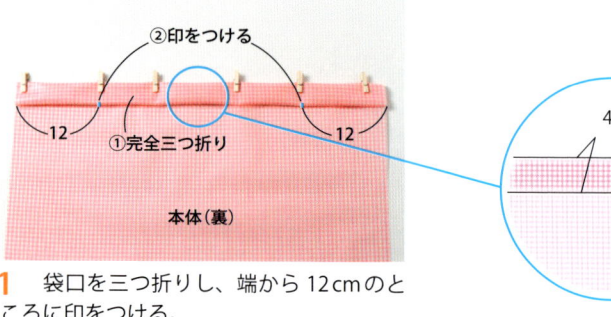

②印をつける
12
①完全三つ折り
12
本体(裏)
4

1 袋口を三つ折りし、端から12cmのところに印をつける。

ラミネート素材には ピンチとセロハンテープを活用

糸でつくられている織り地やニット地の場合、まち針で刺した穴は自然に消えますが、**ラミネート素材は一度穴が開いたら、ふさがりません。**
ラミネート素材を縫うときは、まち針のかわりにピンチを使い、ピンチでとめられないところは、セロハンテープを活用しましょう。

縫う
本体(裏)
0.1〜0.2

ここで袋口を縫い残しておくのは、6 で脇を縫うためです。縫い残した部分は 8 -3 で縫います。

2 両端の12cmを残して袋口を縫う。

3 底を縫う

アイロンがけが大丈夫な布を使用している場合は、アイロンで縫い代を割ってもOK!

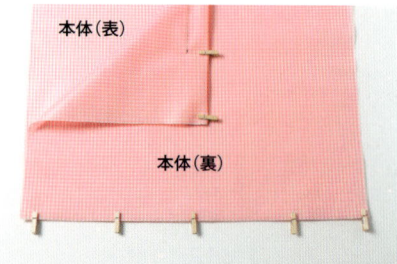

本体(表)
本体(裏)

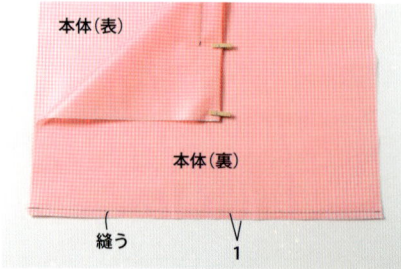

本体(表)
本体(裏)
縫う
1

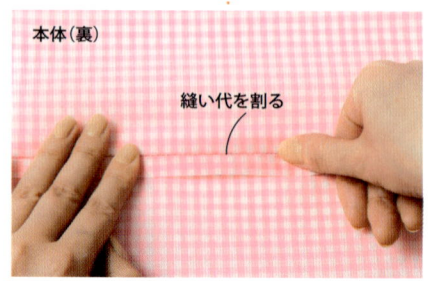

本体(裏)
縫い代を割る

1 中表にバッグ本体を合わせ、底をピンチでとめる。

2 底を縫い合わせる。

3 縫い代を指で割る。

※写真では、わかりやすく説明するために、作品と違う布と糸を使用しています。

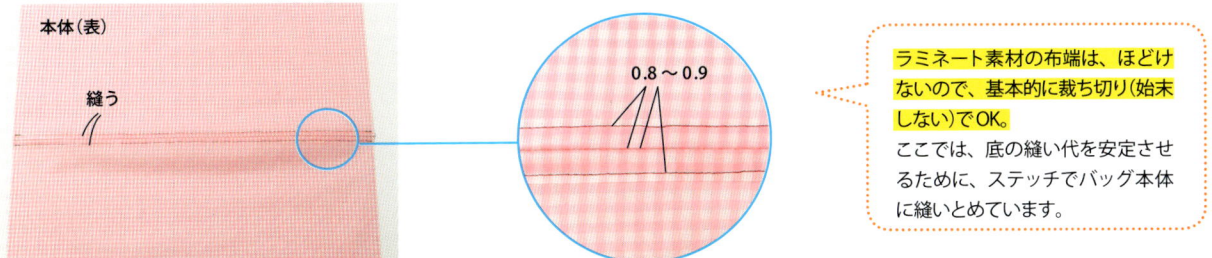

ラミネート素材の布端は、ほどけないので、基本的に裁ち切り(始末しない)でOK。
ここでは、底の縫い代を安定させるために、ステッチでバッグ本体に縫いとめています。

本体(表)

縫う

0.8〜0.9

4 底の縫い代を縫いとめる。

④ ひもをつける

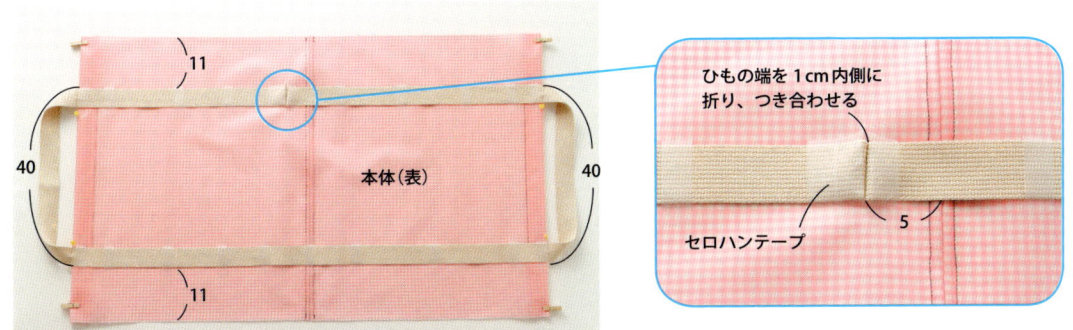

1 持ち手が40cmになるように、ひもをバッグ本体に配置し、セロハンテープでとめる。ひもの端はつき合わせにする。

ひもの端を1cm内側に折り、つき合わせる

セロハンテープ

5

11

40

40

11

本体(表)

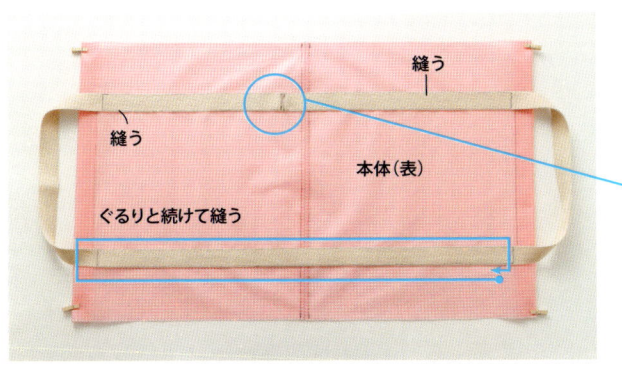

2 ひもを本体に縫いつける。

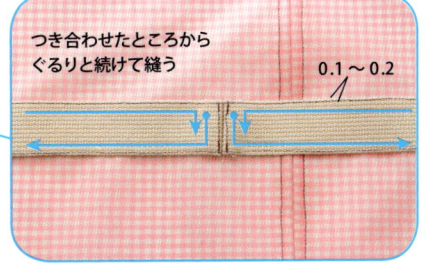

縫う

縫う

ぐるりと続けて縫う

本体(表)

つき合わせたところからぐるりと続けて縫う

0.1〜0.2

セロハンテープの上を縫うと、針にセロハンテープの粘着剤が付着することがあります。針の汚れを取るか、こまめに針を取り替えましょう。

⑤ プリーツを縫う

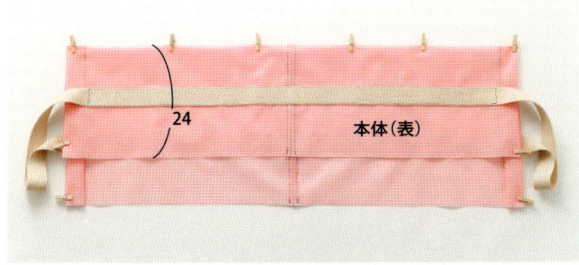

24

本体(表)

1 脇から24cmの位置で外表に折る。

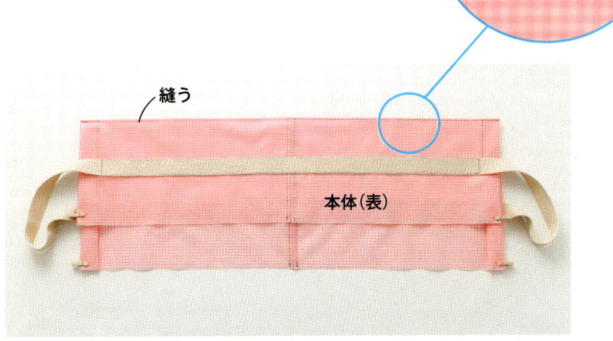

縫う

0.5

本体(表)

2 ひだ(折り目)を縫う。

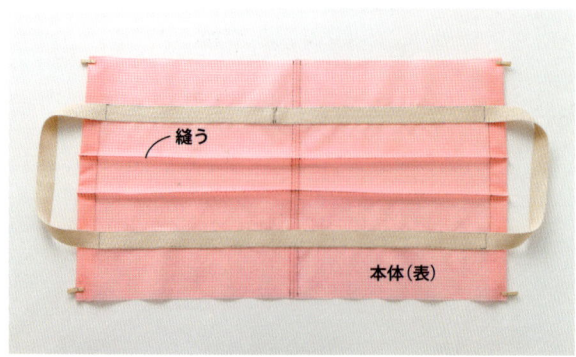

3 反対側も同様に折って縫う。

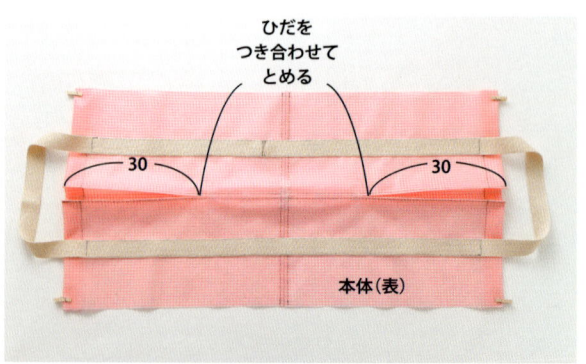

ひだを
つき合わせて
とめる

30　　30

本体(表)

4 ひだをつき合わせ、セロハンテープでとめる。

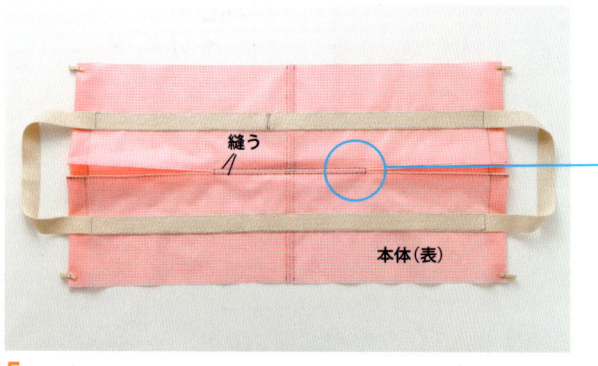

縫う

本体(表)

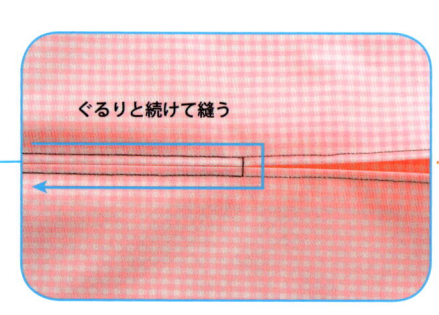

ぐるりと続けて縫う

底のほうのタックの縫い
目が二重になりますが、
同じところを縫っている
ので目立ちません。

5 **2**と**3**のミシン目の上にステッチをかけ、プリーツを固定する。

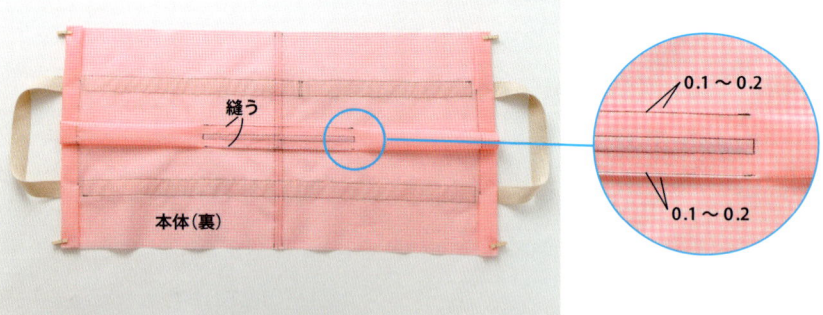

縫う

本体(裏)

0.1〜0.2

0.1〜0.2

6 裏面のひだのみを縫い、プリーツを固定させる。

MINI COLUMN

プリーツとタックの違いって？

プリーツとは、「ひだ」または「折り目」のこと。タック(P.34参照)の場合は、折り目があいまいなもの、もしくは途中で折り目が消えるものと覚えるとよいでしょう。

このバッグのように、ひだをつき合わせたプリーツをインバーティド・プリーツ(inverted pleat)といいます。invertedは「逆にした」という意味で、その裏側の折り目は常にボックス・プリーツ(box pleat)になります。

ボックス・プリーツが表になる場合もあり、どちらのプリーツもよく使われる技法です。

⑥ 脇を縫う

本体(裏)

1 中表に二つ折りし、脇をピンチでとめる。

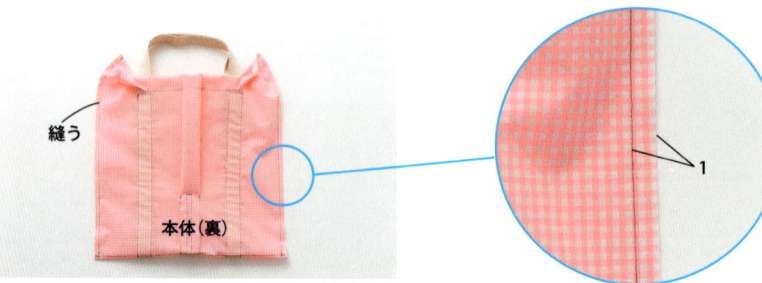

縫う

本体(裏)

1

2 脇を縫う。

7 まちを縫う

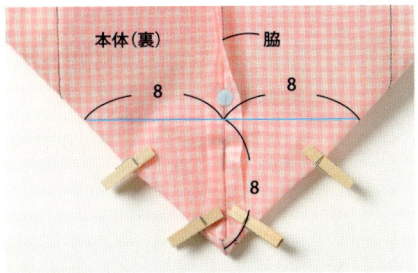

1 底の角を三角に折り、印を入れる。

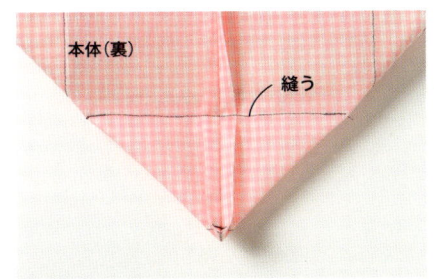

2 まちを縫う。

通常、底の三角のまちは、カットすることが多いですが、このバッグの場合はカットせず、そのまま残してあります。大きなバッグなので、たくさん物を入れることを想定し、底の形を安定させるために、まちを底側に倒してあります。

8 袋口と持ち手を始末する

1 バッグの袋口にかかる脇の縫い代を指で割る。

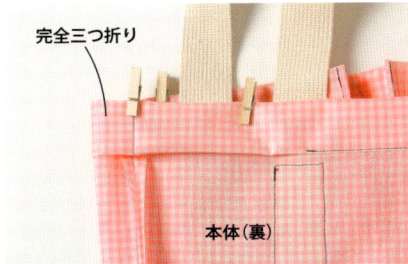

完全三つ折り

2 2-1と同様に、袋口をでき上がりに三つ折りする。

ここで縫うのは、持ち手の補強と、3の縫い始めと縫い終わりの縫い目（2-2の縫い目と重なった部分）を隠すためです。

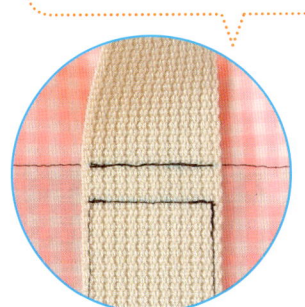

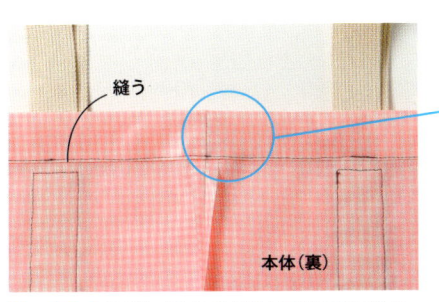

縫う

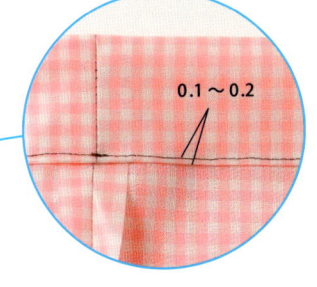

0.1～0.2

3 2-2の縫い目から続けて袋口を縫う。このとき、ひもはよけて縫う。

袋口を縫うときにひもを一緒に縫うと、ひもの厚みで段差があるため、まっすぐ縫うのがむずかしいからです。

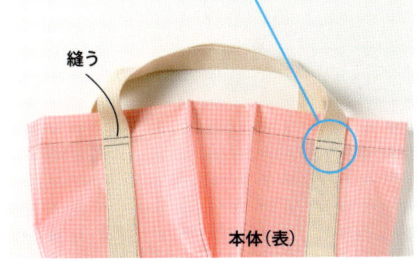

縫う

4 バッグを表に返し、ひもをバッグに縫いつける。

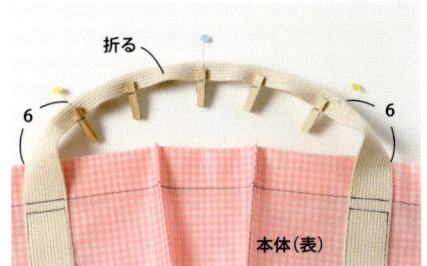

折る

6 6

5 ひもの持ち手部分を二つ折りする。

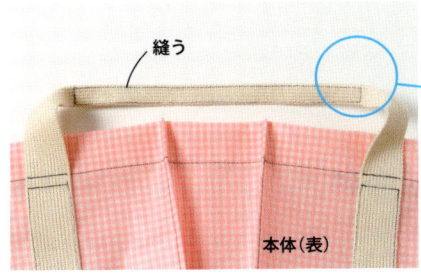

縫う

6 持ち手を縫う。

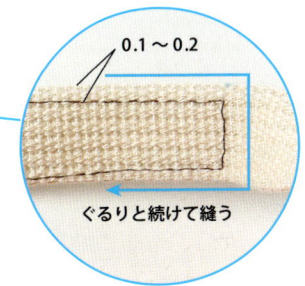

0.1～0.2

ぐるりと続けて縫う

I -1&2

Drafting & Pattern Sewing

裏地で作る
ペチコート＆ペチパンツ

左のペチコートはP.54のスカートのためですが、もちろん手持ちのスカートに合わせてもOK。右のペチパンツはP.44の型紙の丈を短くしただけ。どちらも作り方はかんたんなので、裏地ビギナーさんはぜひトライしてみてください。

左のペチコートはP.54のスカート／右のペチパンツはP.44の型紙

LESSON*4

●直裁ち&パターンソーイング【ペチコート&ペチパンツ】

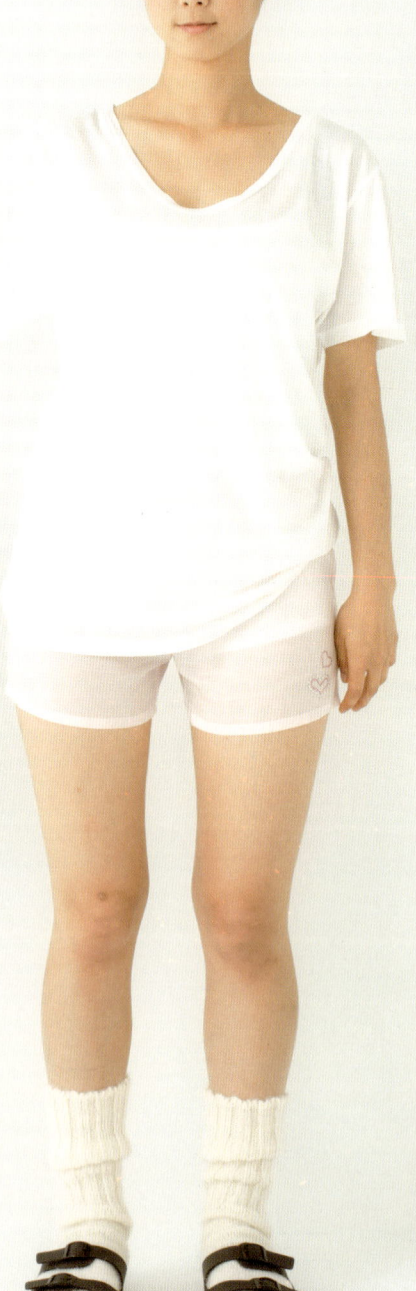

【petticoat】ペチコート

スカートの下にはくアンダースカート。スカートを着たときに、シルエットをきれいに見せ、歩くときに足さばきをよくする。ペチコートの歴史は古く、16世紀初頭に発したとされる。

I⁻¹
裏地で作るペチコート

難易度LEVEL ★★☆

でき上がり寸法（4サイズ共通）
ウエスト……108cm（ゴムテープなしの寸法）
ヒップ………108cm
スカート丈…53cm
※ウエストはゴムテープの長さで調節

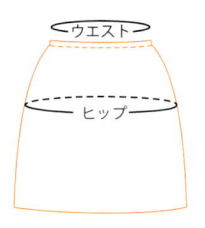

縫い方はかんたんですが、裏地のあつかいが初心者にはむずかしいので、★★☆にしました。

● 材料
ベンベルグ® ニューベンヒット…92cm幅 120cm
0.7cm幅のゴムテープ…55/58.5/62/66.5cm（S/M/L/LL）
ミシンスパン糸＃60

※道具はP.7〜10を参照してください。

ニューベンヒット（キュプラ）

裏地の中では、もっともポピュラーで入手しやすい。オールシーズン用で、色のバリエーションも豊富。肌触りがなめらかなので、既製服の裏地でもよく使われている。すべりがよいので、あつかいがむずかしいが、この作品は裏地ビギナー向けに、まっすぐ縫うのみにしてある。

裏地の表裏

普通の布地と同じく、裏地も耳に文字が書いてあるほうが表面です。もしくは、お店で巻きの状態のときは内側、織りが綾織りの場合は、布目が右上がりになっている面が表になります。

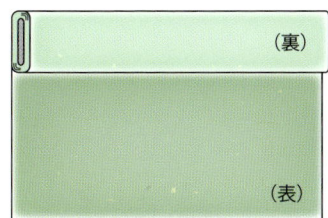

(裏)

(表)

表裏がわからないときには、購入するときに店員さんに確認しよう。

キュプラって何？

ベンベルグ®のキュプラは、コットン・リンター（コットンの種の産毛）を原料とした、地球に優しい再生繊維です。
コットンと化学繊維の機能性を併せ持った繊維で、なめらかな肌触りで、吸湿性がよく、静電気が起こりにくい性質を持っています。汗を吸収し、歩くときに足さばきをよくしてくれるので、直接肌に触れるペチコートにはぴったり。
裏地の素材は、キュプラの他にレーヨンやポリエステル、シルクなどもあります。

コットン 種
コットン・リンター

裏地の地直し

裏地の場合、ドライアイロンでよこ地に沿ってかけます。布全体がゆがんでいる場合は、曲がっている方向と逆に布を引っぱってゆがみを直してからアイロンをかけましょう。

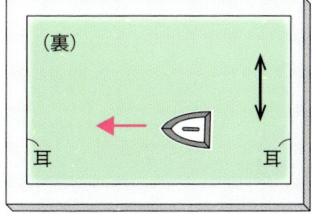

(裏)
耳　　　　　耳

アイロンの温度は、ベンベルグ®の場合は中温（140〜160度）、ポリエステルやレーヨンは低〜中温（80〜160度）に設定する。シルクは低〜中温で、当て布が必要。

「ベンベルグ」は、旭化成せんいの登録商標です。

裏地の印つけと裁断

裏地はすべりやすいので、多めにウエイトやまち針でとめて作業しましょう。すべって作業がしづらい場合には、作業台に布を敷いてから、裏地を置くとよいでしょう。

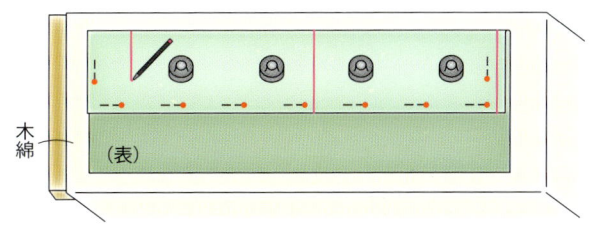

木綿

(表)

作業台に敷く布は、家にある木綿か、ないときはシーツなどを代用してもOK。

● 作り方順序

1 縫う準備をする
2 脇とスリットを縫う
3 裾を始末する
4 ウエストを始末する

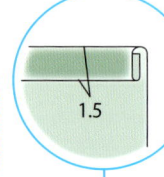

このペチコートは、前も後ろも同じ形をしています。

スリット（slit）とは、たてに入れられた割れ目のことで、裾や袖口などのあきによく見られます。スリットは装飾的な効果もありますが、このペチコートのように、足の動きを考慮して入れられることもあります。

裾は1cm幅に折ります。ここではピンチを使ってとめていますが、まち針でもOKです。

1 縫う準備をする

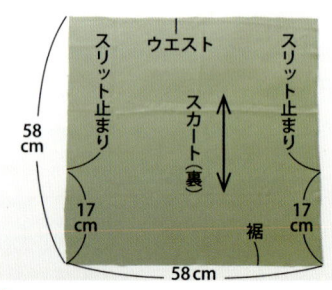

1 58×58cmの布を2枚カットし、スリット止まりに印を入れる。

ゴムテープの長さの目安
55/58.5/62/66.5cm
（S/M/L/LL）

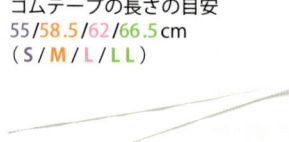

2 ゴムテープをカットする。
➡ゴムテープの長さの決め方はP.15参照

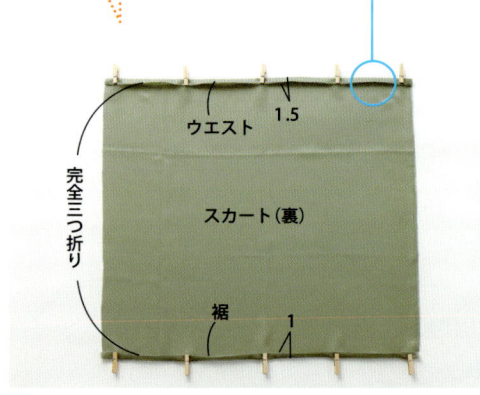

3 ウエストと裾を三つ折りする。

2 脇とスリットを縫う

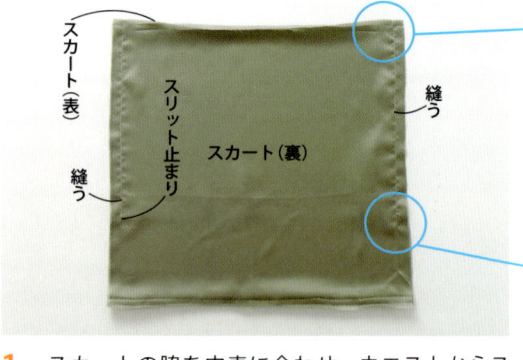

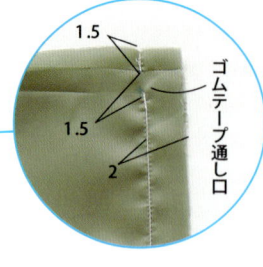

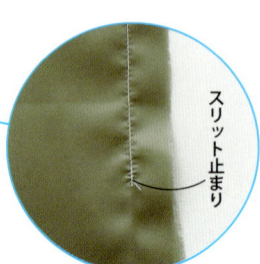

1 スカートの脇を中表に合わせ、ウエストからスリット止まりまでを縫う。片方の脇は、ゴムテープ通し口を縫い残しておく。

ミシンがけは
左右同じ方向に縫うのが基本

脇や袖など、左右対称で同じように縫うところは、同じ方向に縫いましょう。すべりやすい裏地や、伸びやすいニット地は、違う方向に縫うと、布目がよじれることがあります。コットンやリネンを縫うときでも、同じ方向に縫うように、普段から身につけておくとよいでしょう。

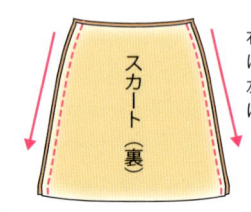

右脇をウエストから裾に向かって縫ったら、左脇もウエストから裾に向かって縫う。

※写真では、わかりやすく説明するために、作品と違う糸を使用しています。

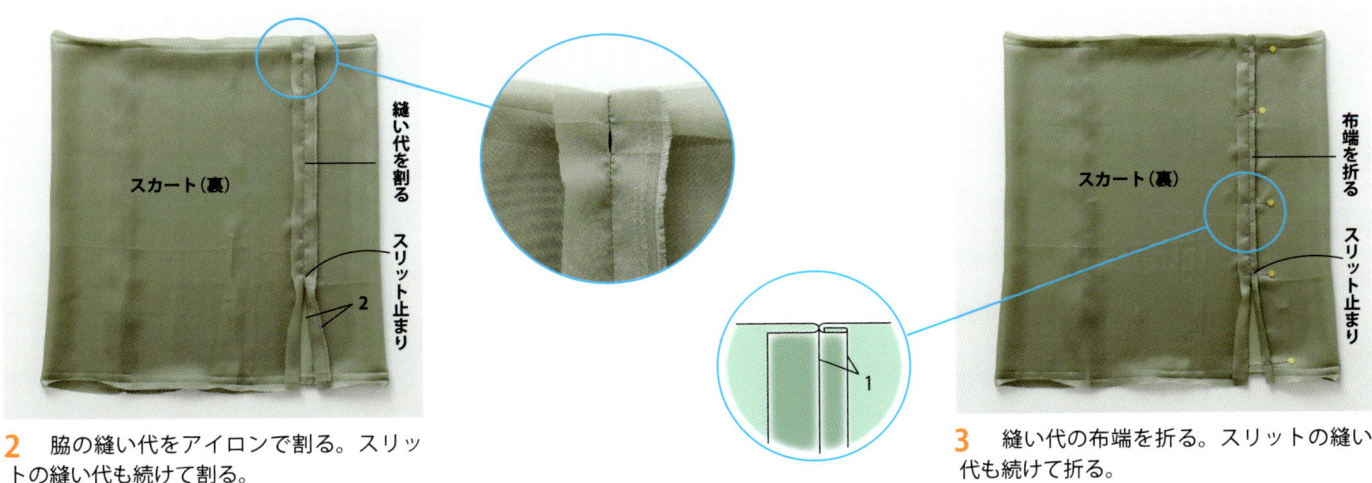

2 脇の縫い代をアイロンで割る。スリットの縫い代も続けて割る。
➡ **縫い代の割り方はP.30参照**

3 縫い代の布端を折る。スリットの縫い代も続けて折る。

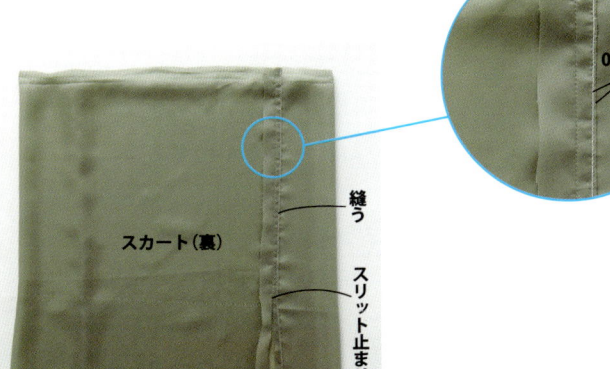

4 縫い代をスカートに縫いつける。スリットの縫い代も続けて縫う。

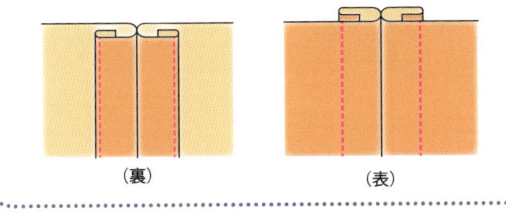

縫い代の始末のテクニック
割り伏せ縫い

この作品の脇の縫い代のように、<mark>縫い代の布端を折り、本体に縫いつけて布端を始末する方法を割り伏せ縫いといいます。</mark>

布端が裏からも見えないので、すっきりと仕上がり、表面に出るミシンステッチは装飾にもなります。また、この作品のように、工夫次第でスリットを続けて縫うこともできます。

割り伏せ縫いはP.77の袋縫いと同様、ていねいな縫い代の始末です。いろいろなアイテムに使えるテクニックなので、ぜひ覚えておいてください。

（裏）　　　　　（表）

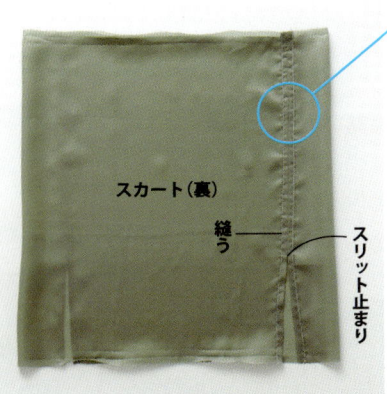

5 片側の縫い代も同様に縫う。

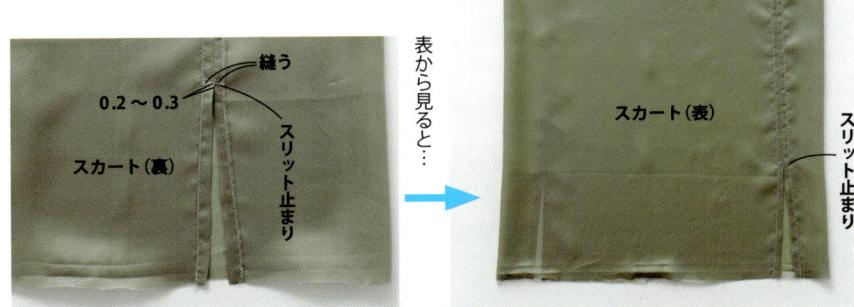

6 スリット止まりの補強のために、スリット止まりから0.2〜0.3cm上を縫う。

③ 裾を始末する

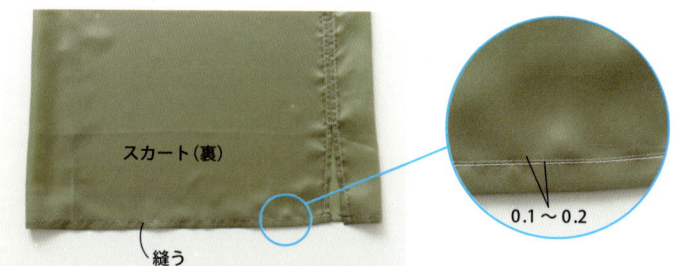

0.1～0.2

①-3の折り目どおりに裾を折って縫う。

④ ウエストを始末する

縫う

スカート（裏）

0.1～0.2

1 裾と同様に、①-3の折り目どおりにウエストを折って縫う。

ひも通しの代わりに安全ピンでもOK！

ひも通し

ゴムテープ

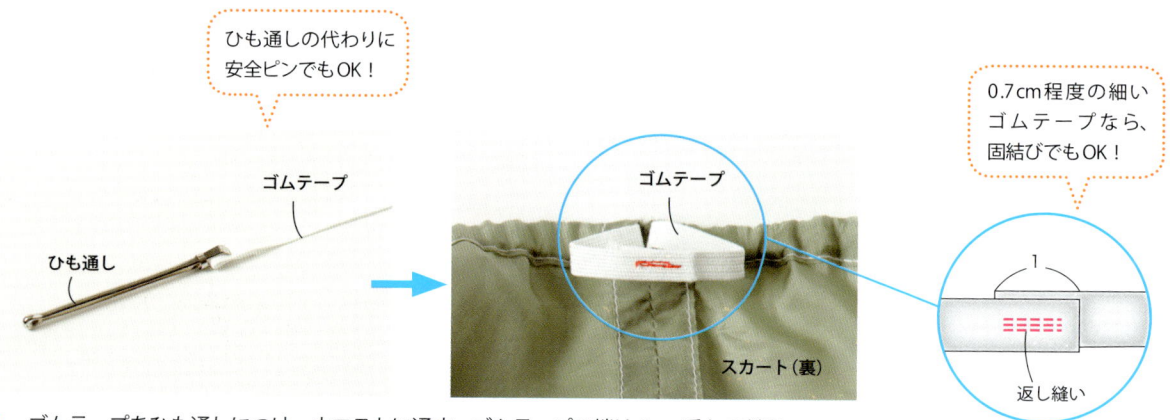

ゴムテープ

スカート（裏）

0.7cm程度の細いゴムテープなら、固結びでもOK！

1

返し縫い

2 ゴムテープをひも通しにつけ、ウエストに通す。ゴムテープの端は1cm重ねて縫う。

ゴムテープ通し口は、縫いとじないで、そのままにしてあります。

ギャザーを均等にする

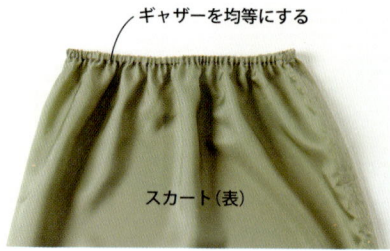

スカート（表）

3 ゴムテープの端をウエストの中に入れ、ウエストを手で引っぱり、ギャザーを均等にする。

ゴムテープのギャザーを均等に寄せる方法は、P.49の⑥-12を参照してください。

MINI COLUMN

前の目印に遊び心を

このペチコートの場合、前後同じ形なので、印をつける必要はないのですが、ワンポイントとして手持ちのレースをつけてみました。次ページのペチパンツには、市販のアップリケを貼ってアクセントをつけました。もちろん、手持ちのリボンやボタンをつけてもOK。とてもシンプルな作品なので、みなさんのアイデアで、自由にアレンジしてみてください。

ペチコートは、手持ちのレースを前中心に直線ミシンで縫いつけただけ。

ペチパンツは、市販のアイロン接着のアップリケを前パンツの裾に貼っただけ。

LESSON*4 ●直裁ちソーイング【ペチコート】

I⁻²
裏地で作るペチパンツ

実物大型紙　［1面／I⁻²］
前パンツ　後ろパンツ

※ペチパンツはパターンソーイングです。I⁻¹と同様、
　裏布を使用した作品のため、LESSON 4に掲載しています。

● **材料**
ベンベルグ® ベンラセーヌ…92cm幅 80cm（4サイズ共通）
0.7cm幅のゴムテープ…71/74/76.5/79cm（P.46 ① 参照）
ミシンスパン糸 # 60

※道具はP.7～10を参照してください。
※裏地のあつかい方については、P.101を参照して
　ください。

難易度LEVEL　★★

でき上がり寸法（S / M / L / LL）
ウエスト…89/93/97/102cm（ゴムテープなしの寸法）
ヒップ……91/95/99/103cm
パンツ丈 … 28.5cm（4サイズ共通）

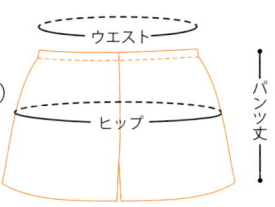

ベンラセーヌ（キュプラ）

薄手の上質なコットンのような、さ
らっとした肌触りの春夏用の裏地。
縫い心地も、薄手のコットンとほぼ
同じなので、初心者には少々あつか
いがむずかしいが、ニューベンヒッ
ト（P.101参照）よりも縫いやすい。

LESSON*4 ● パターンソーイング【ペチパンツ】

● **裁ち合わせ図**

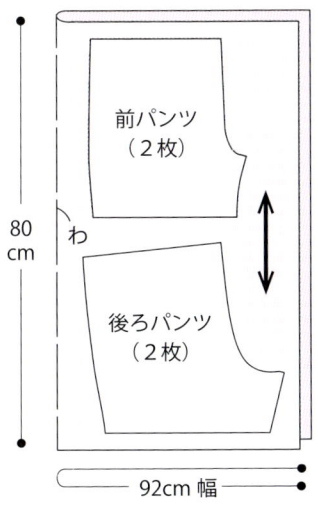

前パンツ（2枚）

後ろパンツ（2枚）

わ

80cm

92cm 幅

● **作り方順序**

① 縫う準備をする
② 股ぐりを縫う
③ 脇と股下を縫う
④ 裾とウエストを始末する

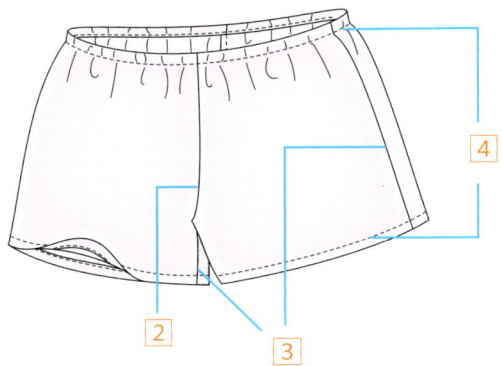

---

① 縫う準備をする

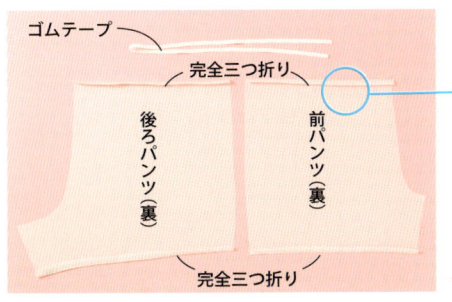

ゴムテープ
完全三つ折り
後ろパンツ（裏）
前パンツ（裏）
完全三つ折り

前パンツと後ろパンツを裁断し、裾とウエス
トの縫い代を三つ折りする。ゴムテープも
カットする。

※裾は1cm幅で折る

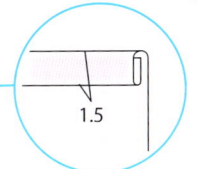

1.5

ゴムテープの長さは
71/74/76.5/79cm（S / M / L / LL）
が目安（P.46①の注釈参照）。

袋縫い（P.77参照）で
縫い代を始末するの
で、外表に合わせて
います。

② 股ぐりを縫う

0.5

後ろパンツ（表）

後ろパンツ（裏）

縫う

1　左右の後ろパンツを外表に合わせ、股ぐ
りを縫う。

※写真では、わかりやすく説明するために、作品と違う糸を使用しています。

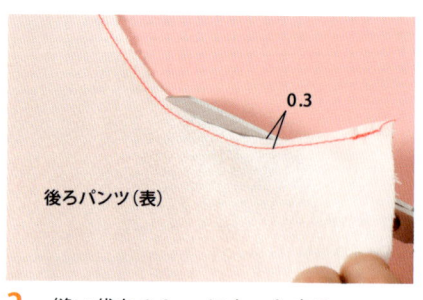

2 縫い代を0.3cmにカットする。

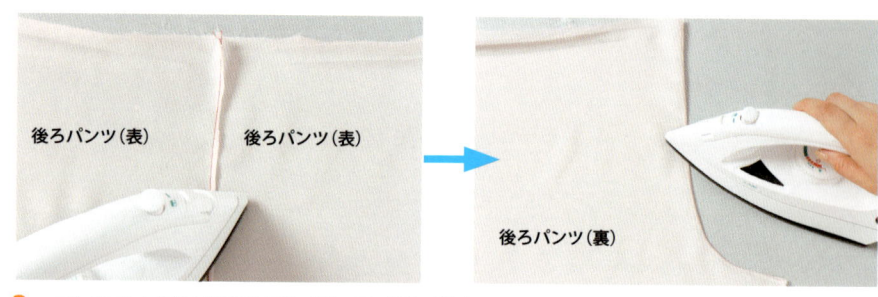

3 アイロンで縫い代を片側に倒して、裏に返す。

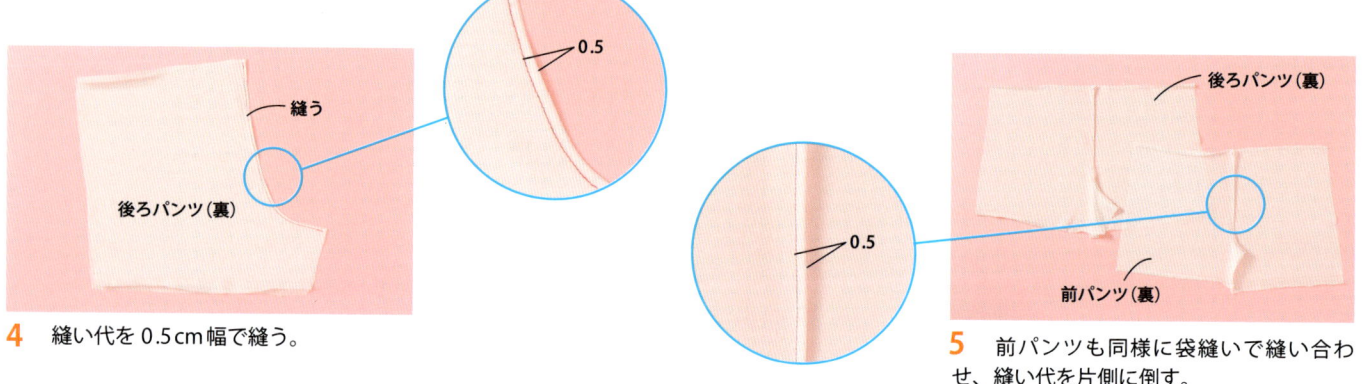

4 縫い代を0.5cm幅で縫う。

5 前パンツも同様に袋縫いで縫い合わせ、縫い代を片側に倒す。

③ 脇と股下を縫う

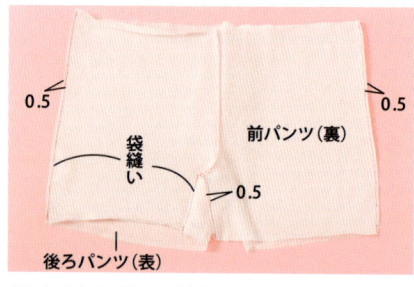

股ぐりと同様に、脇と股下も外表に合わせ、袋縫いをする。

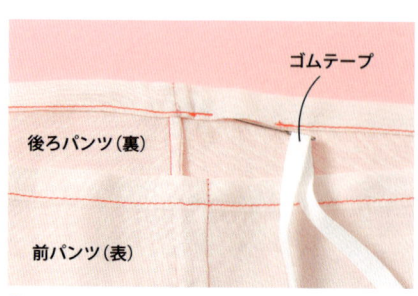

2 ウエストにゴムテープを通し、ゴムテープの端は1cm重ねて縫う（P.104 ④-2参照）。

④ 裾とウエストを始末する

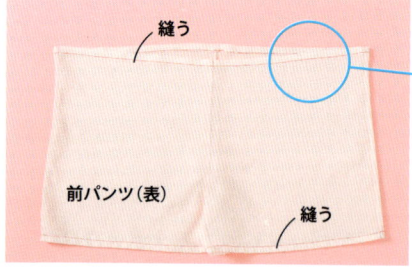

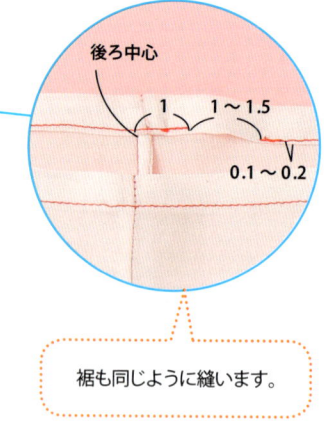

裾も同じように縫います。

1 裾とウエストを折り目どおりに折って縫う。ウエストはゴムテープ通し口を縫い残す。

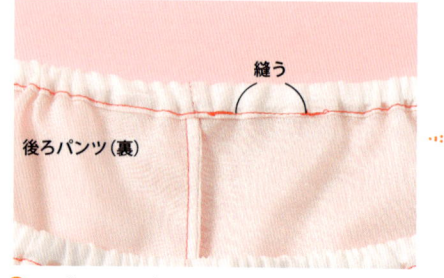

ゴムテープ通し口は、縫いとじないで、そのままにしておいても大丈夫です。

3 ゴムテープ通し口を縫いとじる。

J
Drafting Sewing
ダブルクロスのボレロ

でき上がりが真っ平らで、折りたたみがラクチンなニット地のボレロ。持ち歩いて、肌寒いときにサッと羽織れるので、とても重宝します。自分用はもちろん、親しい人へのプレゼントにもぴったりです。

【bolero】ボレロ

ウエスト丈くらいの短い上着のことで、前を開けて着るものが多い。もともとボレロは、スペインの踊りのことで、この踊り手が着ていた衣装に由来するといわれている。

J
ダブルクロスのボレロ

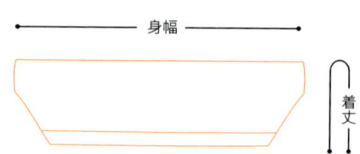

身幅

着丈

● 材料

ダブルクロス（接結）…150cm幅 90cm
接着芯…31cm幅113cm
ミシンスパン糸＃60

※接着芯はニット地用（伸縮性があるタイプ）を使用
　してください。
※道具はP. 7～10を参照してください。

ダブルクロス（接結／レーヨン・ポリエステル混紡）

（表）

（裏）

接結とは2枚のニット地を合わせた布のことで、この布のようにリバーシブルタイプがよく見られる。比較的に伸びにくいので、ニット地ビギナーには縫いやすい。厚手のスムースやフライス、スウェット（裏毛）などもおすすめ。

● 作り方順序

1. 縫う準備をする
2. 裾・衿ぐり・袖口を始末する
3. 脇を縫う

縫い方はかんたんですが、ニット地を縫うので、レベルを★★☆にしました。

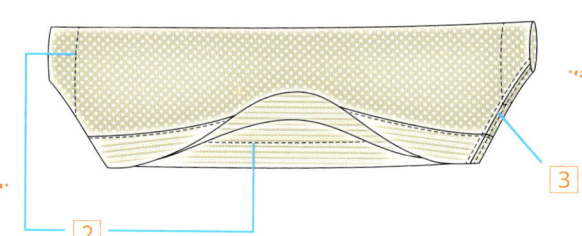

この作品には、ニット地をご使用ください。ニット地の伸縮性を考慮した形になっているので、伸縮性のない布で作ると、体にフィットしません。

1 縫う準備をする

リバーシブルの布を使わず、布の裏面を表に出したくない場合は、裾と衿ぐりの接着芯は、袖口と同様に裏面に貼ってください。

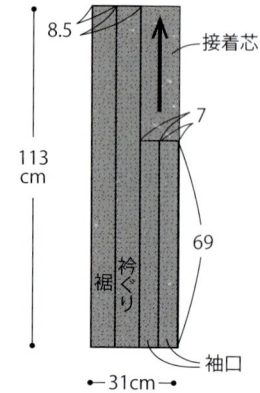

接着芯

113
cm

8.5

7

69

裾　衿ぐり

袖口

←31cm→

1 裾、衿ぐり、袖口に貼る接着芯を裁断する。

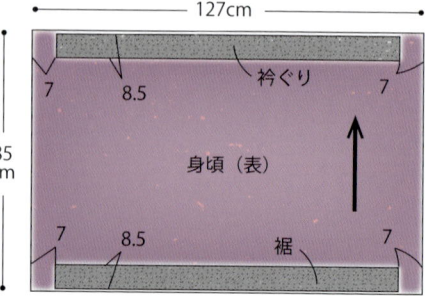

127cm

85
cm

7　8.5　衿ぐり　7

身頃（表）

7　8.5　裾　7

2 布を127×85cmにカットし、表面の裾と衿ぐりに接着芯を貼る。

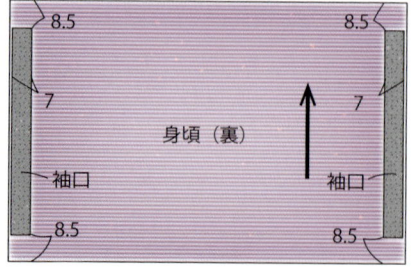

8.5　8.5

7　7

袖口　身頃（裏）　袖口

8.5　8.5

3 裏面の袖口に接着芯を貼る。

※写真では、わかりやすく説明するために、作品と違う布と糸を使用しています。

② 裾・衿ぐり・袖口を始末する

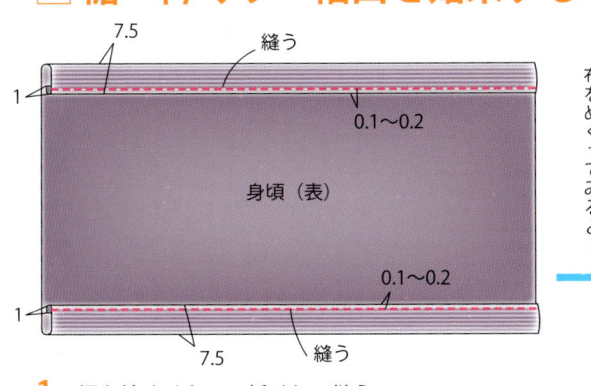

7.5
縫う
0.1〜0.2
身頃（表）
0.1〜0.2
7.5
縫う

布をめくってみると……

身頃（表）

> この作品の地縫いは、「伸縮縫い」で縫っています。詳しくは、P.23、P.28、P.83を参照してください。

1 裾と衿ぐりを三つ折りして縫う。

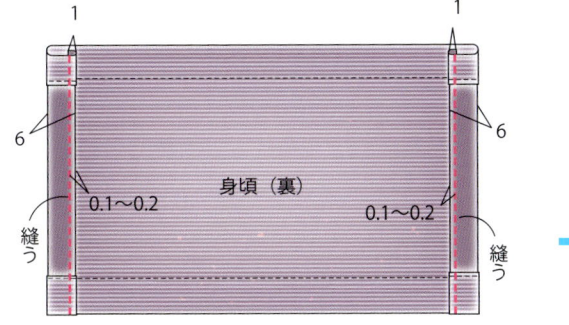

1
1
6
6
0.1〜0.2
身頃（裏）
0.1〜0.2
縫う
縫う

布をめくってみると……

身頃（裏）

> ニット地用の裁ち目かがりで縫い代を始末しています。

2 袖口も同様に三つ折りして縫う。

①縫い代を始末する

②二つ折りする

身頃（裏）

③ 脇を縫う

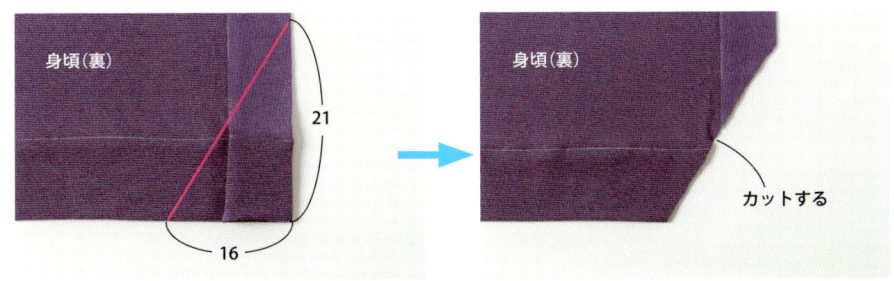

身頃（裏）
21
16

身頃（裏）
カットする

1 角に印を入れ、カットする。他の3つ角も同様にカットする。

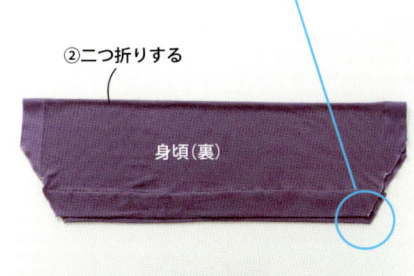

2 縫い代を始末し、中表に二つ折りする。

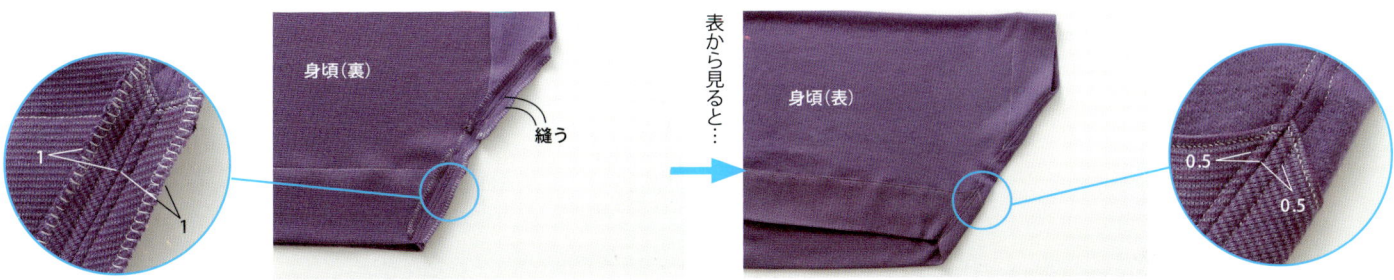

1
1
身頃（裏）
縫う

表から見ると……

身頃（表）
0.5
0.5

3 1cm幅の縫い代で脇を縫い合わせる。縫い代を割り、0.5cm幅のステッチで縫いとめる。

INDEX

この本に出てくるソーイング用語の索引です。調べたい用語があるときに、表記のページを参照してください。

STAFF

ブックデザイン	堀江京子(netz)
撮影	南雲保夫(表紙・口絵)
	中辻　渉(表紙・プロセス)
スタイリング	田中美和子
ヘア＆メイク	秋月里美
モデル	Colliu(AMAZONE)
グレーディング(型紙)	水上朋史(pour la toile co.,Ltd)
撮影協力	新妻理恵
縫製協力	ローズ　ナカムラ(P.66・P.74)
編集企画	成美堂出版編集部(端 香里　小沢由紀)
撮影協力(スタジオ)	スタジオプリモ(Primo Shirokane) 東京都港区白金2-7-32

いちばんわかりやすい ソーイングの基礎BOOK

著　者	poco a poco（ポコ ア ポコ）
発行者	深見公子
発行所	成美堂出版
	〒162-8445　東京都新宿区新小川町1-7
	電話(03)5206-8151 FAX(03)5206-8159
印　刷	共同印刷株式会社

©SEIBIDO SHUPPAN 2014　PRINTED IN JAPAN
ISBN978-4-415-31741-0
落丁・乱丁などの不良本はお取り替えします
定価はカバーに表示してあります

•本書および本書の付属物を無断で複写、複製(コピー)、引用する
ことは著作権法上での例外を除き禁じられています。また代行業者
等の第三者に依頼してスキャンやデジタル化することは、たとえ個人
や家庭内の利用であっても一切認められておりません。